きれいに痩せる
ゆる筋トレ&ストレッチ

著 廣田なお
漫画・イラスト えるたま

マイナビ

はじめに

こんにちは！
イラストレーターの
えるたまです。
同居している
エルピーです！
仕事柄、ほぼ1日
座ってイラストを
描いています……
ヒィ
ヒィ
あ～
ずっと
座っていて
疲れた～
ゴロ～ン
モグ～
最近、
打ち合わせも
オンラインが
増え、
出歩くのも
めっきり
減った
たまにある
アイドルの
コンサートも
ネット配信で観ちゃうし……
ずっと家にいる生活だな!?

そんな私も婚活を始めることに！
婚活ならスカートがマストですね！
あっ！これ可愛い！試着したいです
え…？
シャッ！
お客様、いかがですか？
ちょっと……考えます……
前はもっとくびれがあった気がするし、美脚に自信もあったのになんで!?
最近、不規則な生活をしているからだよ!!
筋トレするしかない!!
フレー フレー!!
える
たま
ぬお〜〜〜！
うお〜〜〜〜!!
その日から筋トレの日々

1カ月後……
そろそろ成果が出るころかな？このスカートで婚活パーティ行くぞ!!
よしっ
ドキドキ
あれ…？
!?
くびれなし→
ムチ〜
↑太いふともも
なんか……、体型変わってなくない？
なんで…？
筋トレあんなにがんばったのに!!
もうやる気出なーい
えー

そんな時、お仕事で
美筋ヨガインストラクターの廣田なお先生とお会いすることに
こんにちは
廣田です！
先生、脚キレイ！
ウエストにくびれもあるし、女性らしくてしなやか!!
これよこれ！私が目指していたのは、あのボディ！
あの～先生……、私も先生のようなボディを目指したいのですが、先生ぐらいやらないと無理ですか？
そうですね ある程度、体を動かす時間を取る必要はありますね

でもやみくもにスクワットしたり、腹筋したりしても
え…!?
女性らしいしなやかなボディに近づかないんですよ
そう!そうなんですムキムキになりたいわけじゃなくて、
メリハリボディを目指したいのです!
そのためには、どの筋肉を意識して動かすかがポイントなんですよ
ほら、この写真を見て!
After 筋肉の使い方を知った後のボディ
Before 筋肉の使い方がわからず、ヨガをしていた頃のボディ
全然違う!
実は筋肉の中には動かず、サボっているぐ～たら筋というのがいくつかあるの
ぐ～たら筋
ぐ～たら筋!?
ぐ～たら筋に原因があるんですか?

ぐ~たら筋が
さぼっているから、
他の筋肉が
がんばってしまって、
太くなってしまうの
だる~ん
ピーン
放っておくと
こうなっちゃう
どん
ムチッ
ヒエ~~~
もう私なりかけだっ!!
ぐ~たら筋を目覚めさせる
筋トレやストレッチをしないと
メリハリボディにはなかなか
近づかないの
おはよー!
カッ
ぐ~…
先生、
どうしたら
いいですか？
ぐ~たら筋を
動かすコツさえ
つかめばボディ
メイクはラクラク
ですよ！
カッ
私のぐ~たら筋、
起こさないと！
先生、どれが
ぐ~たら筋なのか
教えてください!!
Let's Go!
OK!!
P.20から
ボディメイクに効く
ぐ~たら筋を紹介
するわね

CONTENTS

PART 3 もっさり背中、タプタプの二の腕 背中・腕周り編 107

※本書は『目覚めよ！ぐ～たら筋　きれいに痩せるゆる筋トレ&ストレッチ』（2022年小社刊）を再編集し、文庫化したものです。

目覚めさせたい！

ぐ～たら筋はココ！

動かさない、ゆるみっぱなしのぐ～たら筋。代謝が悪くなったり、脂肪もつきやすくなったりと、不調やボディライン崩れの原因になります！

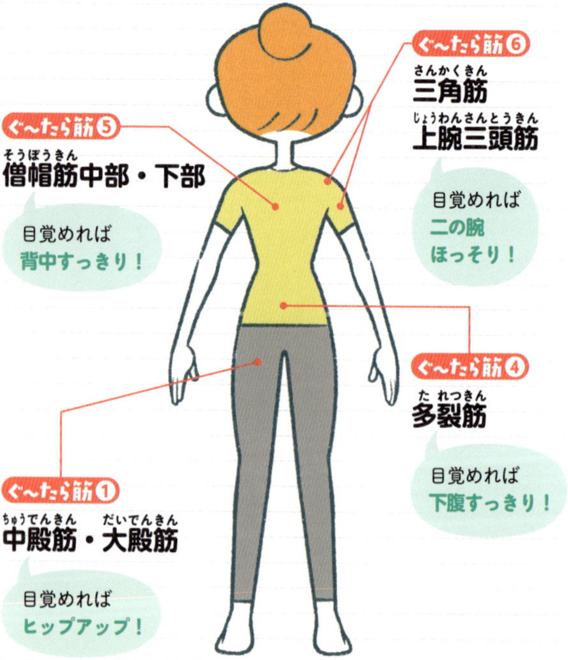

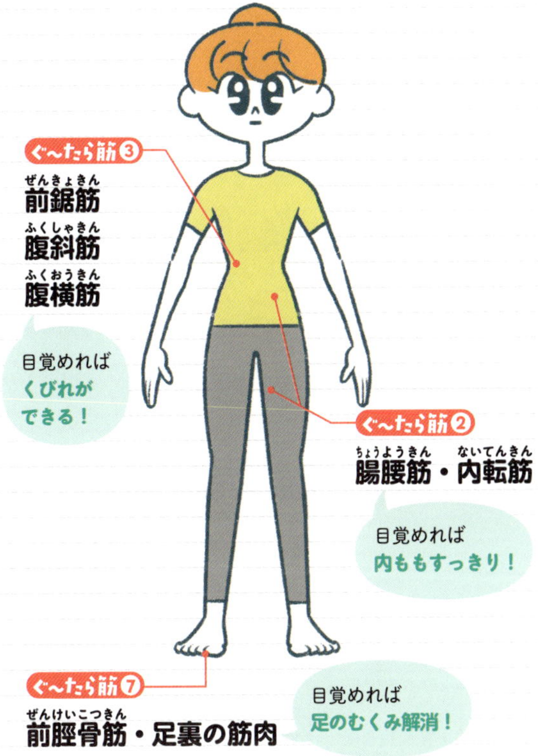
ぐ～たら筋③
前鋸筋《ぜんきょきん》
腹斜筋《ふくしゃきん》
腹横筋《ふくおうきん》
目覚めれば
くびれができる！
ぐ～たら筋②
腸腰筋《ちょうようきん》・内転筋《ないてんきん》
目覚めれば
内ももすっきり！
ぐ～たら筋⑦
前脛骨筋《ぜんけいこつきん》・足裏の筋肉
目覚めれば
足のむくみ解消！

本書の使い方

この本ではきれいに痩せるために目覚めさせたいぐ～たら筋をコミックで紹介。ぐ～たら筋を解説するハウツーに続き、筋トレとさらに効果をアップさせるために普段がんばっている筋肉のストレッチを紹介しています。コミックで楽しく読んで、筋トレやストレッチをしてぐ～たら筋を目覚めさせましょう！

COMIC コミック

実際のお悩みに合わせて
ぐ～たら筋を紹介

HOW TO ハウツー

❶ぐ～たら筋の解説

❸日常生活で気をつけたいポイント

ぐ～たら筋とはどんな筋肉かを解説

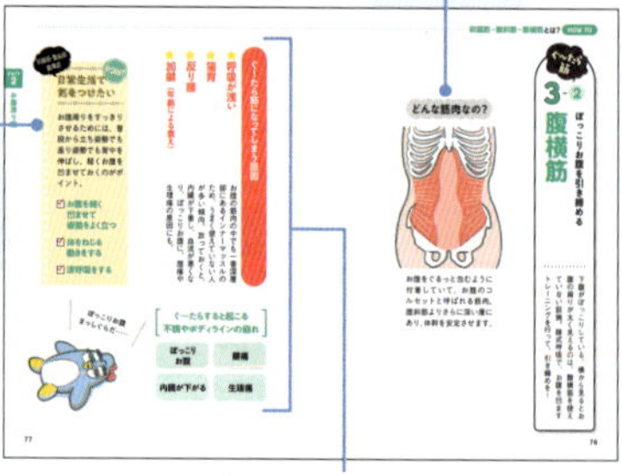

❷ぐ～たら筋になる原因、不調やボディラインの崩れ

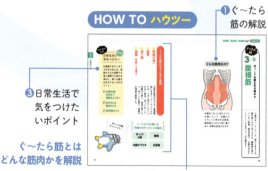

Training 筋トレ

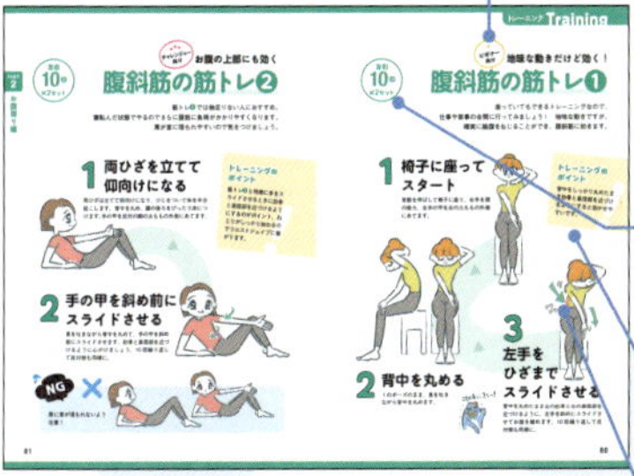

❶運動初心者のためのビギナー向けと運動習慣のある人にチャレンジャー向けがあります。もちろん両方行ってもOK

❷行う回数や時間の目安を表示

❸体の動かし方のポイントを紹介

❹この筋トレで効かせられる部位

ぐ〜たら筋を目覚めせる
ゆる筋トレを紹介

Stretch ストレッチ

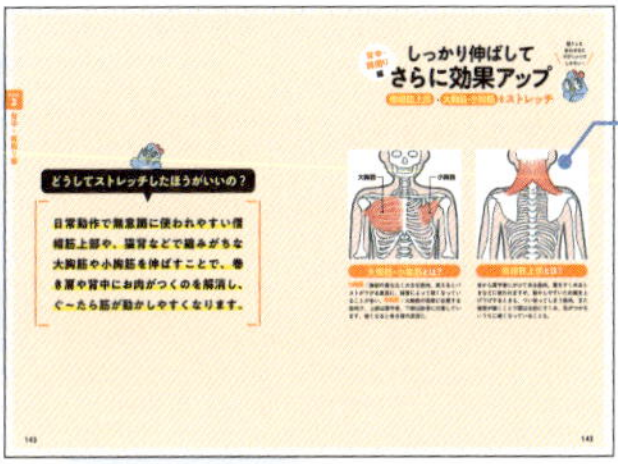

❶さぼっているぐ〜たら筋に対してがんばっている筋肉を紹介

❷簡単なストレッチを紹介

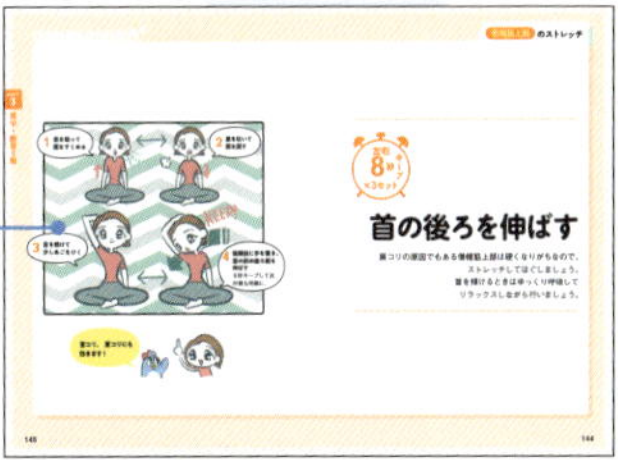

普段がんばっている筋肉を
伸ばしてさらに効果アップ

登場人物

ぐ～たら筋

他の筋肉が働いていることにかまけて、あまり動かず、硬くなったり、弱くなったりしてしまっている筋肉。きちんと動かせば、理想のボディに近付く!?

エルピーちゃん

えるたまと同居しているペンギンで姉妹のように仲がいい。えるたまのイラストのアシスタントとしても大活躍。意外に運動は得意！　自分に甘く他人には厳しい。

えるたま

イラストレーター。30代、アイドルオタク。最近婚活を始めた。ものぐさで引きこもりがち。影響は受けやすいけど飽きっぽいから続かないことも。メリハリのない子ども体型がお悩み。

なお先生

「自分を好きになろう」がコンセプトの「美筋ヨガ」のインストラクター。運動嫌いでも楽しく続けられるレッスンを提供。いつも明るい笑顔が魅力的！

★筋トレやストレッチにあると便利なもの

ヨガマット

直接、床に体をつけると負担がかかるので、ヨガマットを敷いてトレーニングしましょう。

フォームローラー、バスタオル

動きの補助をしてくれます。自分の体に合ったものを選びましょう。

<注意事項>

・トレーニングやストレッチを行っている最中に痛みを感じたり、体に異変を感じたりした場合は、中止してください。

・体調が優れない方、慢性的な痛みがある方、妊娠中の方などは、必ず医師と相談の上、無理のない範囲で行ってください。

PART 1

お尻・太ももをシェイプ

下半身 編

ピーマン尻、お尻が垂れ下がってきている、
外ももが張っている、内ももにすき間がない……などで
お悩みの人はお尻や内ももの筋肉がぐ～たらしています。
しっかり意識して動かすことで
ヒップアップやすっきりした下半身を目指せます。

ぐ～たら筋 1

中《ちゅう》殿《でん》筋《きん》・大《だい》殿《でん》筋《きん》

まず
一つ目の
ぐ～たら筋は
お尻の筋肉、
中殿筋《ちゅうでんきん》と
大殿筋《だいでんきん》です
●お尻の上部にあるのが中殿筋
●骨盤の後ろから太ももの
側面まである筋肉が大殿筋
中殿筋
大殿筋
お尻かぁ～
確かにぐ～たら
しているイメージ
ではあります
ぐ～たら
!!
!!
ZZZ...
どちらの筋肉も普段の
生活では使われにくいので、
ぐ～たらしがちなんです
確かに
お尻を意識
することって
ないかも……
中殿筋って名前
すら知らなかった
もんね
うんうん
でもね、
ここの筋肉が
ぐ～たらして
しまうと、
いろいろと
困って
しまうの……

ぐ~たら筋のままだと……
腰周りからヒップまでまんべんなく脂肪がついて、お尻の上のボリュームがなくなって……いわゆるピーマン尻っていうやつに……
ピ~マン尻
キャ~~!!
そうなると……
どんどんお尻が下がって太ももと同化しちゃう人も……
垂れ尻だ~それはイヤ~
洋服を着ても……
スキニーデニムがキレイに決まらない
タイトスカート……もう穿けないかも……
それはイヤ~
足が短く見えるじゃん

プリッとした丸みのあるお尻を取り戻したいです！
プリッ
先生！ ぐ~たら筋を目覚めさせるためにはどんな運動をすればいいですか？
ウー
えっ~とその前に…どうしてお尻の筋肉がぐ~たらになるのか、わかる？
大きな筋肉だから？
!!?
それはいつものえるたまさんのお仕事の姿勢と関係あります
わかった!! デスクワークですねっ
ガリ
ガリ
!!
正解！
ずっと座ったままだとお尻の筋肉が潰れて硬くなるのよ
ガチーン

確かに、座っている状態だとお尻が横に広がっている感じがする……
ドーン
ずっと座ったままだとお尻が血行不良になるのよ
お尻のセルライトも気になっていました……
それに現代は、生活の中で深くしゃがみこんだりしないでしょ？
よっこいしょ
確かに和式トイレも使わないし、うさぎ跳びもしないですね……
ピョンピョン

脚を後ろに振り上げるとかもしないでしょ？
そうなるとどうしても股関節が硬くなってしまうの
!!
私……床に足がつかない！
腰が痛くて座ってらんねぇ〜！
安定する
ドンッ
デカケツ!!
そしてお尻がどんどん下がるのはもちろん、腰痛や足の太さにも直結するの
腰痛ぎみなのもぐ〜たら筋が原因なのね
お尻って大事!!
だから、お尻の筋肉を動かして目覚めさせましょう！
ホラホラ
でっでも

でも！締め切りとかもあるし座っている時間はどうしても長くなるんです！
〆切
〆切厳守
ガリガリ
はあ～
そんな人は歩くときにちょっと早歩きをする、なるべく階段を使うなど、
ダッ
ダッ
サッ
サッ
ほんのちょっとした日常生活の習慣を見直すところから始めてもいいんじゃない？

お尻は他の部位に比べて、変化がすぐに出やすいの
トレーニング前と後の写真を撮っておくと、変化がわかってモチベーションになるわよ！
Before
After
これならやれそうじゃない？
やる気になってきた!!
自分のペースでやってみてね！
とりあえず早歩きからやってみます！
えっ！もう!! えるたまさ～ん
よっしゃ行くぞー!!
スタスタスター
いや～アイドルのグッズ売り場にダッシュするときばりの早さ！

ぐ〜たら筋

1 中殿筋・大殿筋

ピーマン尻や垂れ尻の原因になる

お尻の筋肉は長時間のデスクワークなどで圧迫され、使われづらくなっています。ピーマン尻や垂れ尻の原因にも。中殿筋も大殿筋も動かして、ヒップアップを目指して。

どんな筋肉なの？

＜中殿筋＞

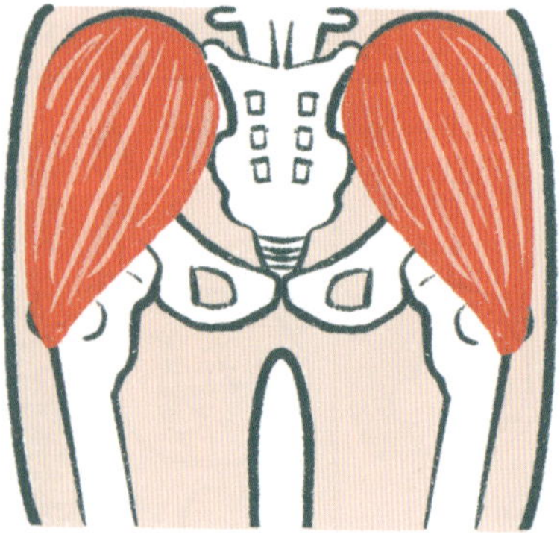

お尻上部の両サイドにある筋肉。脚を横に開くときに使い、股関節をサポート。ここが弱ると外ももが代わりに働き、外ももが太くなる原因になる。

<大殿筋>

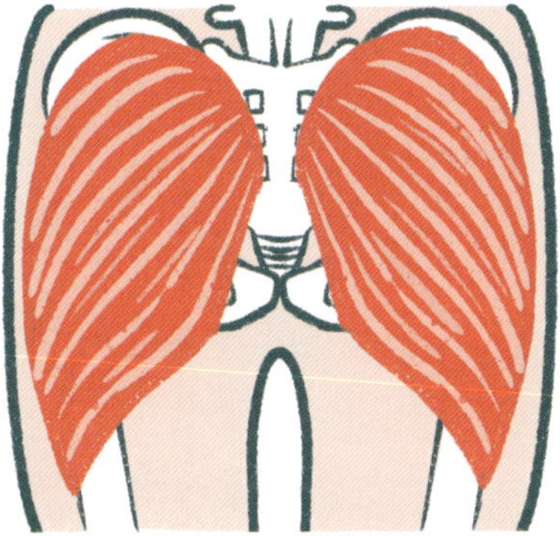

お尻の大部分を占める筋肉。股関節の動き全般で使われます。潰れて筋力が弱くなるとお尻のボリュームダウンに直結！

ぐ〜たら筋になってしまう原因

- ★長時間のデスクワーク
- ★あまり歩かない
- ★股関節が硬い
- ★あまりしゃがまない
- ★加齢（年齢による筋肉の衰え）

デスクワークなどの長時間の座り姿勢で股関節をあまり使わないことが原因。使われていないことで、筋肉が硬くなり、脂肪がつきやすくなりお尻が垂れ気味になることも。下半身のむくみや腰痛などの不調にも繋がります。

ぐ〜たらすると起こる不調やボディラインの崩れ

- ヒップが下がる
- ピーマン尻
- 太ももが太くなる
- 腰痛

お尻は筋トレすれば
効果が出やすいです!
少しでもいいので
続けて
トレーニングを！

中殿筋
大殿筋

日常生活で気をつけたい POINT

歩くときに脚のつけ根から動かすように意識することで、自然にお尻の筋肉に刺激を与えることができます。お尻をほぐすのも GOOD ！

- ☑ 股関節を意識して歩く
- ☑ 階段をなるべく使う
- ☑ 早歩きをしてみる
- ☑ 長時間のデスクワークの後はお尻をほぐす

CHECK

こんな姿で寝ていると
お尻が硬くなっているサインかも！

片方の脚を曲げ４の字のようになって寝ていませんか？　曲げているほうのお尻が縮んで硬くなり、左右のバランスが悪くなっている可能性が！　曲げるクセのあるほうのお尻をよくストレッチしてから眠るのがおすすめ。脚は曲げず仰向けの状態で眠りましょう！

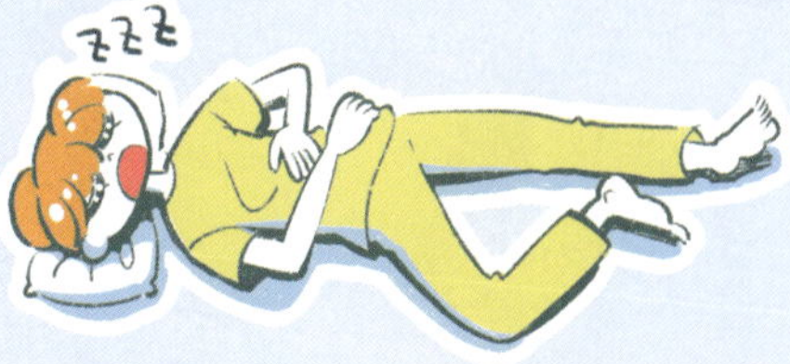

ビギナー向け

お尻の上部にフォーカス

中殿筋の筋トレ❶

左右 10回 ×2セット

立った状態で気軽にできるトレーニングです。
しっかり股関節から足を動かすようにしましょう。
お尻の上部が痛くなっていたら効いている証拠です！

1 壁に手をつく

立った状態で、手を肩幅くらい開き、壁に手をつきます。両足は軽く広げます。

トレーニングのポイント

脚を上げるときはお尻の上部が硬くなっているか、触って確認してみましょう。腰を動かすのではなく股関節から動かすのがポイント。

2 脚を真横に上げる

股関節を意識しながら片方の脚を真横に上げます。脚を上げたときにお尻の上部が硬くなっていれば正解！ 10回上げ下げしたら反対側も同様に。

✕ 脚を上げたときに体よりも前に脚が出たり、腰が一緒に動いたりするとお尻に効かない！

左右 10回 ×2セット

チャレンジャー向け 体幹も鍛えられる

中殿筋の筋トレ❷

ビギナー向けと違って片膝をついて行うので、
体のバランスが取りやすくお尻にもしっかり負荷がかかります。
お尻の上部に刺激を与えて鍛えましょう。

1 ひざをついた状態から片手を床につけ、脚を上げる

ひざを床について、片方の手を床についたら、反対側の脚をお尻の高さまで上げます。

トレーニングのポイント

上げている脚の膝下はできるだけ真後ろに向けておくのがポイント。お尻の上部に効いているか触ってチェックを。

2 脚の付け根を上げ下げする

息を吐きながら、上の脚をさらに高く上げます。息を吸って脚をお尻の高さまで戻します。股関節から動かす意識で10回繰り返します。反対側も同様に。

左右
10回
×2セット

ビギナー向け

お尻全体を鍛える

大殿筋の筋トレ①

普段、日常生活であまり行わない脚を後ろに蹴り上げる動作で、お尻全体の筋肉を動かします。垂れ尻にお悩みの人におすすめです。

1 壁に手をつき片ひざを90度に曲げる

立った状態で、手を肩幅くらい開き、壁に手をつきます。片方のひざを90度くらいに曲げます。

トレーニングのポイント

中殿筋の筋トレ同様に股関節から脚を動かすことで、お尻に効かせられます。ひざを曲げると裏ももの筋肉が休み、お尻の筋肉をしっかり動かせます。

2 脚を後ろに蹴り上げる

息を吐いてお腹を凹ませながら、脚を少し後ろに蹴り上げます。

ぐ~たら筋を
目覚めさせよう！
ヒェー

3
脚を外側に開く

2の位置から脚を外側に開いて、そこから閉じる動作を10回繰り返します。ひざは股関節より後ろにくる状態で、開く動作を繰り返すのがポイント。反対側も同様に。

ココから
動かす!

NG
NG!

腰が反らないようにするために、息を吐きながらお腹を凹ませて、脚だけを動かしましょう。

10回 ×2セット

チャレンジャー向け

ヒップリフト
大殿筋の筋トレ②

お尻の筋トレとして、よく知られているヒップリフト。
ヒップを持ち上げて大殿筋を使いましょう。
お尻を締めるような意識でゆっくり丁寧に行うのがポイントです。

1 仰向けになり ひざを立てる

両ひざを立てて仰向けになり、脚はマットの幅くらいに広げて、つま先は30度くらい外向きにします。両手はお尻の横に置きます。

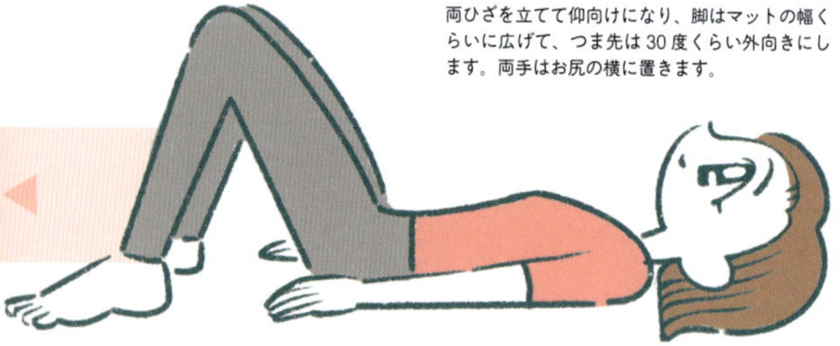

それほどキツくないので
運動初心者の人も
チャレンジしやすいです！

トレーニングのポイント

太ももの前側を伸ばすイメージで腰が反らないように注意しましょう！
お尻のほっぺを真ん中に寄せる感じで行うとお尻にしっかり効かせることができます。

お尻を鍛えると
美脚にもなれますよ！

2 恥骨から ゆっくり上げる

息を吐きながら鼠経部がまっすぐになるまで、お尻の丸い部分同士を内側に寄せるようなイメージで上げて、ゆっくり背中から床に戻します。10回繰り返します。

NG
NG!

股関節が折れ曲がったまま、
腰だけが反るのはNG。

ぐ〜たら筋2

腸腰筋《ちょうようきん》・内転筋《ないてんきん》

下半身全体がで～んと見えてしまう……
確かに……
すらっと美脚になりたいなあ～
すらっ
着いた！
なお先生こんにちは～！
美筋ヨガ
いらっしゃい！えるたまさん、エルピーちゃん
先生、何をやっているんですか？
腸腰筋の筋トレ中なのちょっと待っていてね

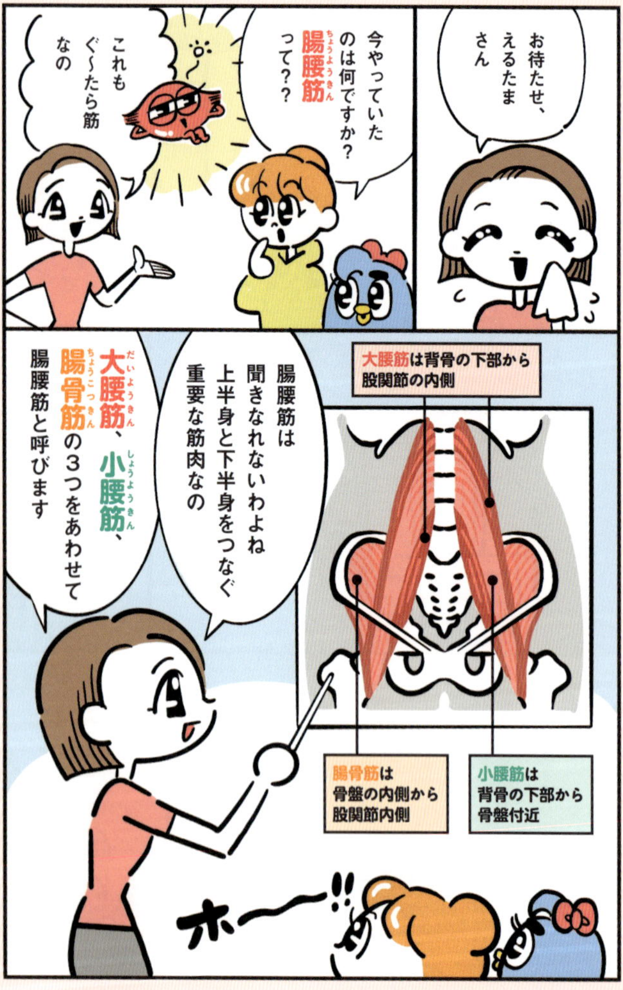
お待たせ、えるたまさん
今やっていたのは何ですか？腸腰筋《ちょうようきん》って？？
これもぐ～たら筋なの
腸腰筋は聞きなれないわよね 上半身と下半身をつなぐ重要な筋肉なの
大腰筋《だいようきん》、小腰筋《しょうようきん》、腸骨筋《ちょうこつきん》の３つをあわせて腸腰筋と呼びます
大腰筋は背骨の下部から股関節の内側
小腰筋は背骨の下部から骨盤付近
腸骨筋は骨盤の内側から股関節内側
ホ～～～!!

いわゆるインナーマッスルと言われている筋肉よ
インナーマッスルは体の深い部分にある筋肉ですね！
そんなところはなかなか意識して動かさないですね
腸腰筋は上半身と下半身を繋ぐ筋肉で股関節を曲げる動きをするの
でも深層にある分、なかなか使うのが難しくて外側の筋肉ばかりがんばってしまう……
zzzz…
日常の動作や運動など、ダイナミックな動きでは、表層部にあるアウターマッスルが使われます
太ももの後ろのハムストリング
太ももの前の大腿直筋
ハッスル！
ハッスル！

ここががんばりすぎると、どんどん横に張ってきて脚が太くなる原因になるのよ
よっしゃ!!
ぞぞぞ…
!
確かに……横張りしている気がする
ビーーン
だから腸腰筋をしっかり鍛えることで、太ももの負担が減って脚痩せに近づくのよ！
そうなんですね！それが聞きたかったんです
さっき、先生がやっていた筋トレですね！
よ～し!!
ちょっと待った!!
もう一つ、太ももが太くなる原因のぐ～たら筋があるの
せっかち
まだ、あるんですか？

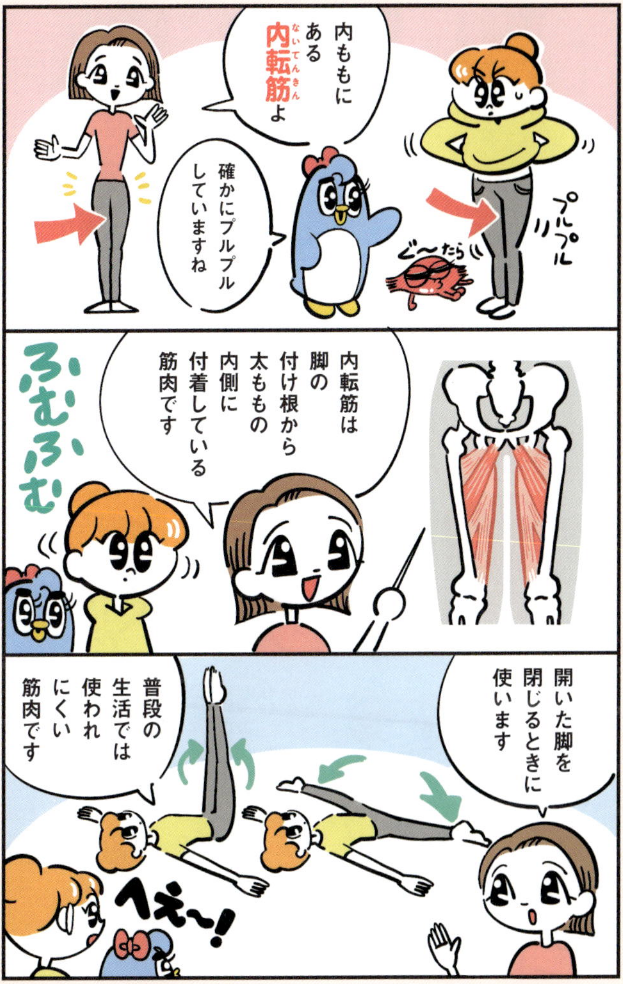
内ももにある内転筋《ないてんきん》よ
確かにプルプルしていますね
プルプル
ぐ〜たら
内転筋は脚の付け根から太ももの内側に付着している筋肉です
ふむふむ
開いた脚を閉じるときに使います
普段の生活では使われにくい筋肉です
へえ〜!

ここが ぐ〜たらすると 内ももが タプタプに なってくるの
O脚の原因にも…
え〜〜 やだー!!
内転筋も 目覚めさせないと いけないですね
そうなの
だら〜
内ももか…… 動かしている イメージないなあー そもそも 運動不足だし
でもなんか 難しそう…… どうしたらいい んですか?
股関節から太ももを 外巻きにする意識で 立ってみましょう!
親指と 床は平行に
中指を恥骨にあてて 三角形を作る
内ももをつける
ひざをつける
つま先は開く
背中が丸く ならないように 姿勢よく 保つのも ポイントよ

トレーニングは、そんなに難しくないのよ
ひざを曲げて伸ばすだけでOK!
お～!! これならできそう!!
内ももを意識して動かせばスラリとした美脚になれますよ!
ホホホ
よし! 太もものすき間をつくるぞ!
着替えてきました!
では、ぐ～たら筋の腸腰筋、内転筋をダブルで鍛えましょう!
カッ
カッ!!
忘れていた腸腰筋のこと……
ひぇ～!! ダブルですか!!

ぐ〜たら筋

2-1

腸腰筋

股関節を動かしやすくする

腸腰筋はインナーマッスルのため、普段なかなか意識しづらい筋肉です。座ったままの姿勢が多いと腸腰筋が縮んだ状態のままになり、反り腰や股関節が硬くなる原因に。

どんな筋肉なの?

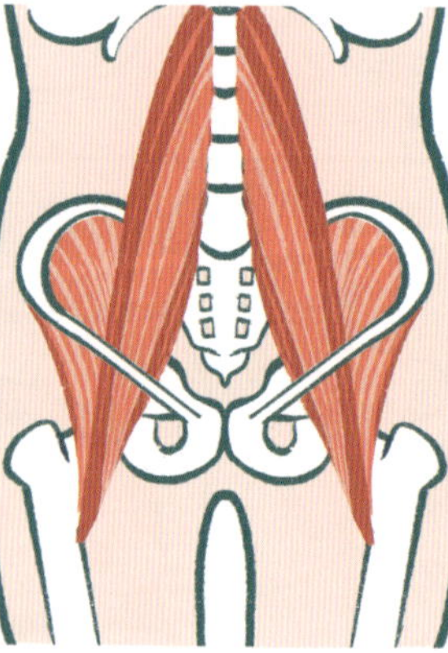

背骨の下部から骨盤、大腿骨まで付着している筋肉。大腰筋、小腰筋、腸骨筋の3つで腸腰筋と呼ばれ、股関節を安定させます。

ぐ〜たら筋になってしまう原因

- ★長時間のデスクワーク
- ★運動不足
- ★片足重心
- ★猫背

腸腰筋は意識的に伸ばしたり縮めたりしないと弱りやすく、腸腰筋が弱った分、前ももの大きな筋肉が過剰に働くことになります。その結果、下半身が太くなりやすく、骨盤が前傾して下腹がぽっこりしやすくなります。

［ぐ〜たらすると起こる不調やボディラインの崩れ］

- 前ももが太くなる
- 骨盤の歪み
- 下腹がぽっこり
- 腰痛

腸腰筋が縮んだ
状態のままだと
反り腰の原因にも

ぐ〜たら筋

2-2 内転筋

内もものタプタプを改善する

太ももの筋肉の中でも使われづらい筋肉のため、O脚や内ももがタプタプする原因に。結果、太ももも外張りになりやすいです。意識してしっかり動かす習慣をつけましょう。

どんな筋肉なの？

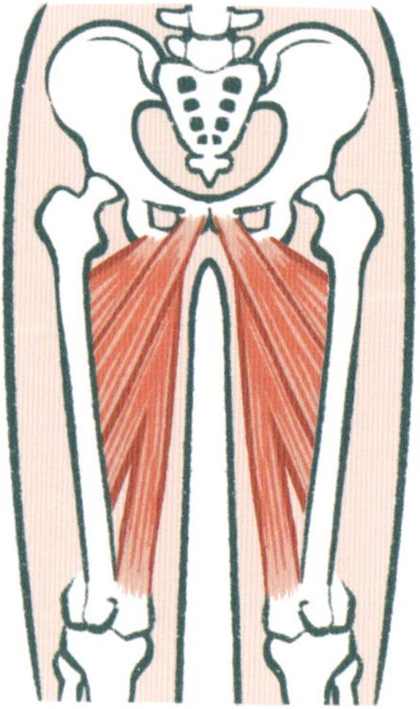

内転筋は恥骨筋、大内転筋、小内転筋、長内転筋、短内転筋、薄筋の総称。太ももの内側にある筋肉で歩くときにバランスを保ったり、開いた脚を閉じたりするときに使われます。

ぐ〜たら筋になってしまう原因

- ★長時間立ちっぱなし
- ★脚を組むクセがある
- ★ヒールをよく履く
- ★運動不足

脚を開く、閉じるなどを日常的にあまりしないと、内転筋が衰えてしまいます。脚を組むことが多いと内ももを寄せる習慣がつかず、内転筋がぐ〜たらになる人も多いです。

腸腰転
内転筋

日常生活で気をつけたい POINT

なるべく股関節を外旋させる意識で立つように。内股にならないように気をつけましょう。デスクワークなどの合間に脚上げをするのもおすすめです。

- ☑ 大股で歩く
- ☑ 内股にならないようにする
- ☑ 背すじを伸ばして座る
- ☑ 脚は組まない

ぐ〜たらすると起こる不調やボディラインの崩れ

太ももの外張り	O脚・X脚
太ももの間に隙間がない	腰痛

骨盤の歪みによって、
腰痛の原因に
なることも

ビギナー向け

腸腰筋を使いやすくする

腸腰筋の筋トレ①

10回 ×2セット

弱く硬くなった腸腰筋をまずはしっかり使えるようにするトレーニングから始めましょう。
垂れ尻やぽっこりお腹、腰痛が気になる人にもおすすめ。

1 四つ這いになる

手は肩幅、ひざはマット幅くらい、足先は拳一つ分くらいの幅に開いて四つ這いになる。

トレーニングのポイント

骨盤を前傾させることで、腸腰筋が使われます。脚の付け根がギューッと詰まる感じがあればOK！呼吸に合わせてゆっくり体を動かして、股関節を緩めましょう。

2 骨盤を前傾させる

息を吐いてお腹を凹ませながら、お尻を突き出し、骨盤を前傾させます。

Zzz...
インナーマッスルは
なかなか目覚めない……

3

お尻を後ろに引く

息を吐きながらお腹を凹ませて、お尻を引きます。脚の付け根で紙を１枚挟むイメージでやりましょう。10回繰り返します。

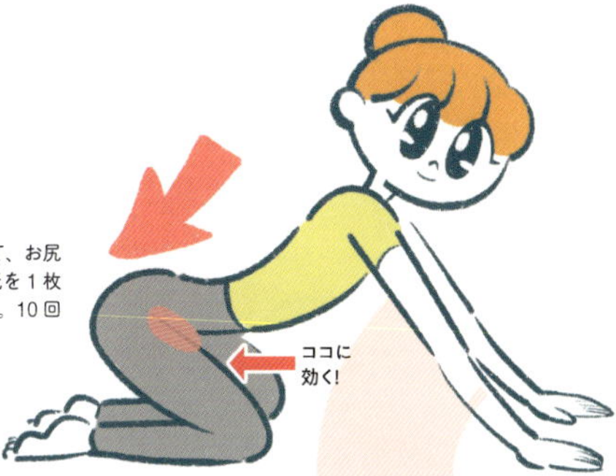
ココに
効く!

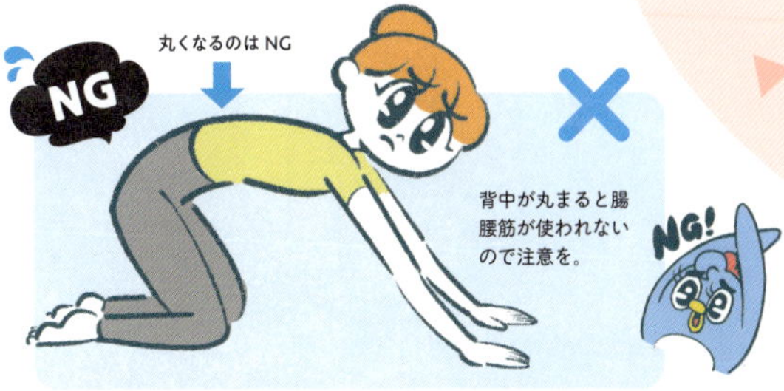
NG
丸くなるのは NG
背中が丸まると腸
腰筋が使われない
ので注意を。
NG!

★★★ チャレンジャー向け

股関節を短縮する

腸腰筋の筋トレ❷

10回 ×2セット

筋トレ❶より股関節を短縮でき、腸腰筋が使いやすくなります。座って行うため、スマホを見ながらでも行いやすいので、毎日続けましょう。

1 三角座りをする

両ひざを立て、お尻の骨を床につけて座ります。

トレーニングのポイント

腰を丸めて伸ばすことで、股関節を最大限に折り畳んだ状態に。脚の付け根がギューッと詰まっている感じがあればGOOD！

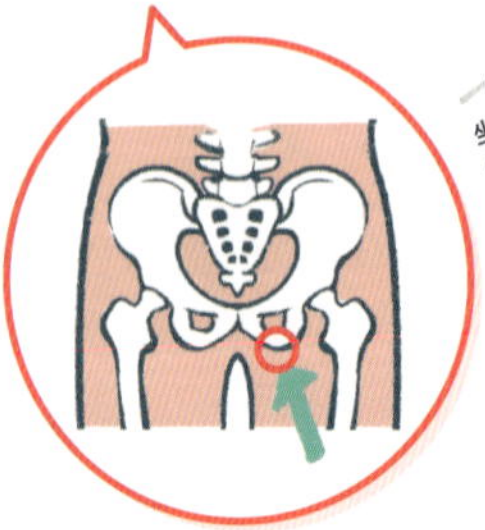
坐骨を床につける
イメージで
座りましょう!

ながら運動
できそう!

2 腰を丸める

1の状態のまま、腰を丸めて、骨盤が後ろに倒れるイメージで行います。

3 骨盤を立てる

お尻の骨で床を押しながら骨盤を立てます。脚の付け根がギューッと縮まるのを意識して行いましょう。ゆっくり10回繰り返します。

骨盤を立たせる、
軽く前傾させる意識で
行いましょう！

ビギナー向け

10回 ×2セット

内ももを使う練習をする
内転筋の筋トレ❶

立った状態で簡単にできるので、気づいたときに行ってみましょう。
信号待ちやエレベーター待ちなど
ちょっとした隙間時間を使って練習するのもおすすめ！

1 立った状態からスタート

つま先、ひざは45度くらい外側に向けて立ちます。お腹は軽く凹ませ姿勢よく立ちましょう。

トレーニングのポイント

下（足首）から順に閉じていくような意識でやると内転筋に効きます。ゆっくり股関節から太ももを外側に回転させるイメージで行いましょう。

2 ひざを軽く曲げる

ひざをゆっくり曲げる。このときひざとつま先が同じ向きになっていることを確認！

3 ひざをゆっくり伸ばす

下からチャックを閉めていく意識で内ももを閉じながら、ゆっくりひざを伸ばします。10回繰り返します。このときお尻もキュッと締めます。

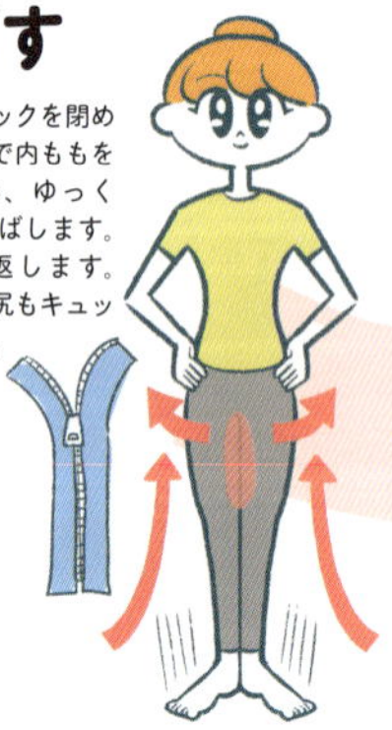

左右10回×2セット

チャレンジャー向け

内ももを短縮させて脚をすっきり！

内転筋の筋トレ②

フォームが崩れやすいので注意しましょう。
内ももが硬くなっていると
効いている証拠なので触りながら行ってもOKです！

1 横向きに寝転がり、上の脚を前に置く

横向きに寝て、左腕を頭の下に置きます。下の脚は伸ばして足首は90度になるように曲げます。上の脚は前に置き、頭からかかとまで一直線になるようにします。

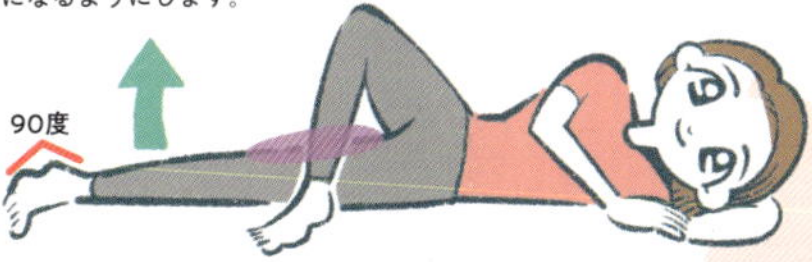

トレーニングのポイント

脚は高く上げなくてOK。つま先を天井に向けないようにして、内くるぶしでボールを天井に蹴り上げるイメージで行うと内ももが硬くなり、効きます。

2 内くるぶしを天井に押し出す

下の脚の内くるぶしを天井に向けて上げます。下の脚の内ももを触ってみて硬くなっていれば効いています。10回繰り返したら反対側も同様に。

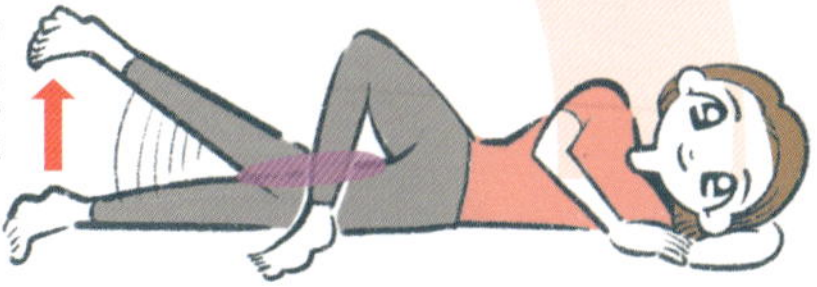

NG

つま先が天井を向くと股関節が内旋してしまい、内ももが使われづらいので注意を。

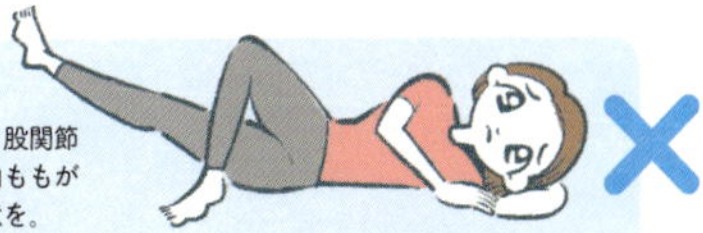

下半身編

しっかり伸ばしてさらに効果アップ

筋トレと合わせるとボディメイクしやすい！

大腿直筋・大腿筋膜張筋・ハムストリングをストレッチ

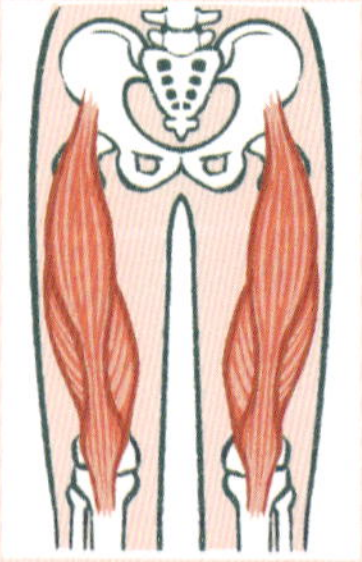

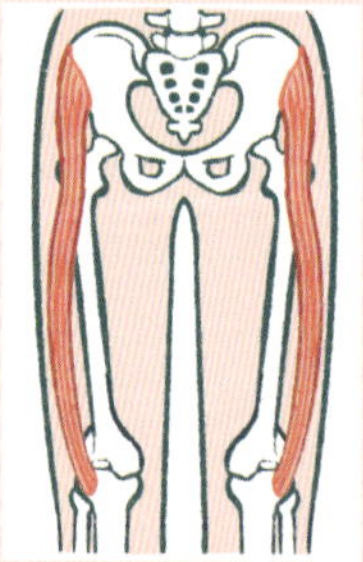

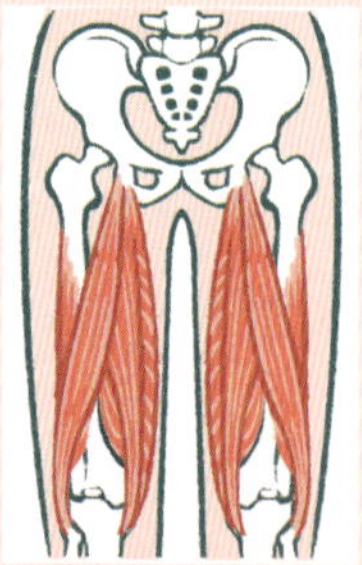

大腿直筋《だいたいちょっきん》とは?

前ももにある筋肉。骨盤からひざまで繋がっています。脚を前に出したり、ひざを曲げたりするために使われます。

大腿筋膜張筋《だいたいきんまくちょうきん》とは?

外ももにある筋肉。股関節を曲げたり、外に開いたり、内側に回転（回旋）させたりとさまざまな動きで使われます。お尻の筋肉が弱い人は、この筋肉をがんばらせていることが多いです。

ハムストリングとは?

主にお尻からひざ下までの長く伸びています。ひざを曲げるときや脚を後ろに引くときに使います。

どうしてストレッチしたほうがいいの？

中殿筋、大殿筋、腸腰筋、内転筋をうまく使えない人は、大腿直筋・大腿筋膜張筋・ハムストリングがたくさん使われやすいです。その結果太ももの外側や前側が張り出したり、お尻が垂れたりするので、ストレッチでほぐします。

左右8秒キープ×3セット

前ももを伸ばす

前ももを使いすぎたまま寝ると、
腰痛の原因になるので、寝る前に伸ばす習慣を。
ほぐすことで脚のむくみの改善にもなりますよ。

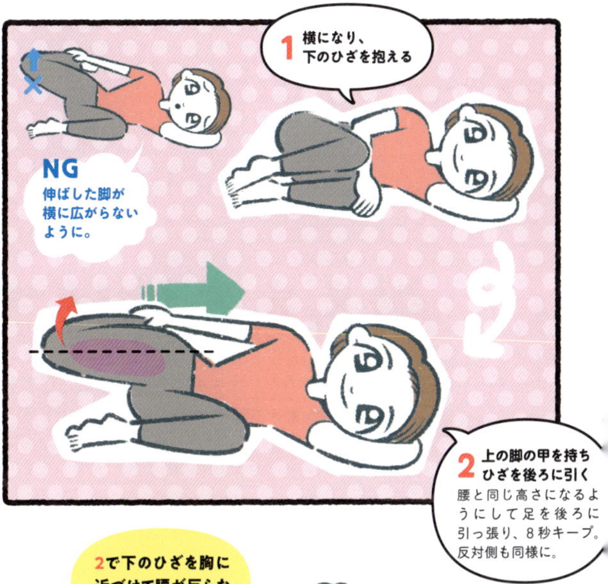
1 横になり、下のひざを抱える
NG
伸ばした脚が横に広がらないように。
2 上の脚の甲を持ちひざを後ろに引く
腰と同じ高さになるようにして足を後ろに引っ張り、8秒キープ。反対側も同様に。

2で下のひざを胸に近づけて腰が反らないように!
!!

左右8秒キープ×3セット

外ももを伸ばす

太ももの外側の筋肉が硬くなると、太ももが外張りするだけでなく
お尻が垂れやすく下半身が太く見えてしまいます。
お尻の筋トレと一緒に行うと効果的です。

1 P.49の大腿直筋のストレッチの2のポーズからスタート
2 伸ばしている上の脚に下の脚を引っ掛ける
お腹を凹ませながら、上の脚を床に押し付けることで外ももを伸ばします。8秒キープし、反対側も同様に。

お腹を凹ませることで腰が反るのを防ぎましょう!

左右8秒キープ×3セット

裏ももを伸ばす

座り姿勢が長いと常に圧迫されてしまうハムストリング。
ハムストリングが硬くなると猫背の原因にも繋がります。
ストレッチすることで、骨盤が正しい位置に
戻りやすくなり、姿勢改善にも。

NG
腰が入って斜めにならないように。
1 脚を前後に開いて立つ
骨盤が正面を向くように意識しながら上半身を股関節を使って前に倒します。
2 前の脚のつけ根を後ろに引き込む
後ろ脚のひざを曲げ、お尻を後ろに引くと前の脚のもも裏が伸びます。8秒キープし、反対側も同様に。

ひざを曲げないようにつま先は正面を向けるのがポイント

COLUMN 1

ストレッチで小顔に
顔周りのたるみを解消

ぐ～たら筋の他に、硬くなりがちで不調やボディラインの崩れに影響がある筋肉を紹介！
マスク生活で気になる顔のたるみについて解説します。

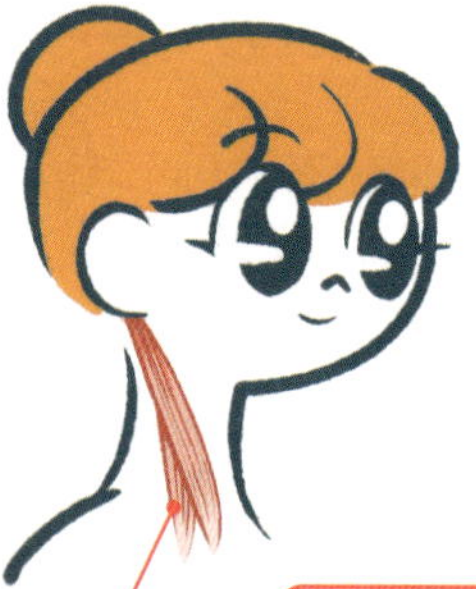

顔のたるみの原因

顔から首に繋がる筋肉が縮んだまま硬くなると、口角が下がるだけでなく顔のたるみの原因に。しっかりほぐせば、小顔効果が期待できます。

ここに注目！

胸《きょう》鎖《さ》乳《にゅう》突《とつ》筋《きん》

首の側面から鎖骨まで伝うようにある筋肉。首を曲げたり旋回させたりするときに使います。

スマホを見過ぎている人にもおすすめです！

［ほぐし & ストレッチ］

STEP 1 軽くもみほぐす

左右 3~5回

顔を軽く横に向けて首筋に浮き出た胸鎖乳突筋をつまんで、耳の下から鎖骨までほぐす。

STEP 2 ストレッチする

左右 8秒キープ

鎖骨の下に手を置き、息を吐きながら頭を傾ける。そのまま鼻先を天井に向けるよう首を回旋させて8秒キープ。

PART 2

ウエストのくびれ、下腹をすっきり!

お腹周り 編

腹筋をがんばっているのにくびれない、
下腹のぽっこりが気になる……。そんな人は鍛える筋肉が
そもそも違っています。お腹の横と後ろの筋肉も
動かさないとしなやかなウエストラインにはなりません！
ねじる動きを中心に筋トレしてみましょう！

ぐ〜たら筋3

腹斜筋《ふくしゃきん》、前鋸筋《ぜんきょきん》、腹横筋《ふくおうきん》

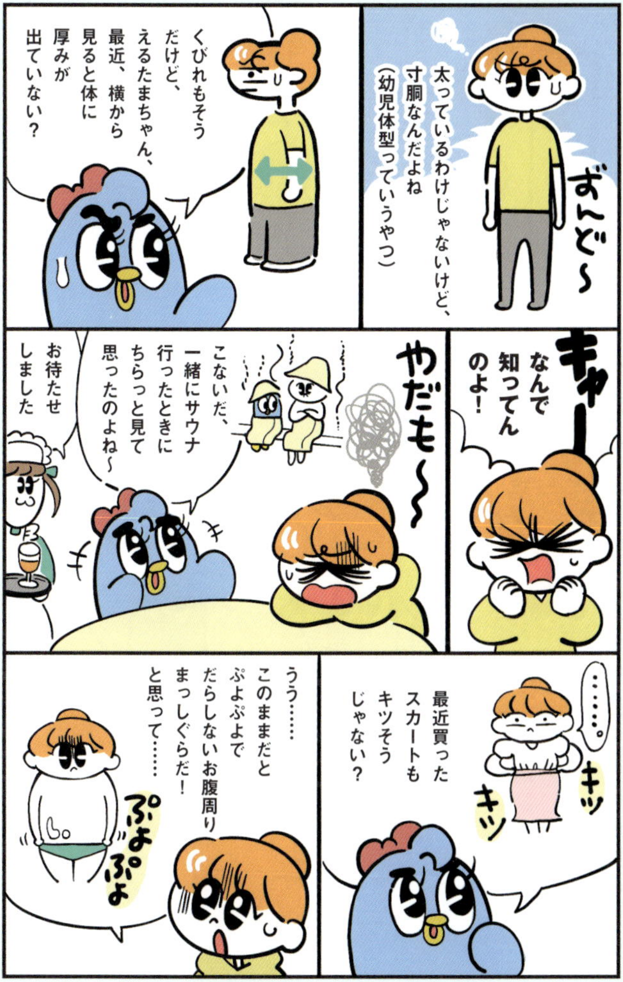
ずんど～
太っているわけじゃないけど、寸胴なんだよね（幼児体型っていうやつ）
くびれもそうだけど、えるたまちゃん、最近、横から見ると体に厚みが出ていない？
キャー
なんで知ってんのよ！
やだも～～
こないだ、一緒にサウナ行ったときにちらっと見て思ったのよね～
お待たせしました
……。
キッ
キッ
最近買ったスカートもキツそうじゃない？
うう……このままだとぷよぷよでだらしないお腹周りまっしぐらだ！と思って……
ぷよぷよ

それで、慌てて腹筋とかやってみたけどあんまり効果ないんだよね
そういえばやっていたかも……
?
毎日腹筋してもくびれないな〜
やば〜
効果がないとモチベーションが下がって
ガックリ…
もういいや！あきらめちゃお
腹筋をやらなくなりダラダラ生活
なんかぷよぷよしているな　服で隠れるから、まっいっか
となる……
ぷよ
ぷよ
う〜ん　これもぐ〜たら筋が関係あるよ
やほっ
お腹周りもぐ〜たら筋をちゃんと動かしていないと、くびれができないんだって
ぐ〜…
ん……
ぷよよ

何！それ！いつのまに！
どこでそんなネタ仕入れてきてるのよ～
ガタッ
さっき、なお先生からテキストもらったじゃない！
テキスト
それでえるたまちゃんが下半身の筋トレしている間に、なお先生に聞いちゃったの
仕事はやっ!!
ウエストのくびれは
何と言っても、お腹のサイドの筋肉が大事
ココが大事
前鋸筋《ぜんきょきん》と腹斜筋《ふくしゃきん》がぐ～たら筋になっているみたいなの
ア…
ぐだ～…
テキスト

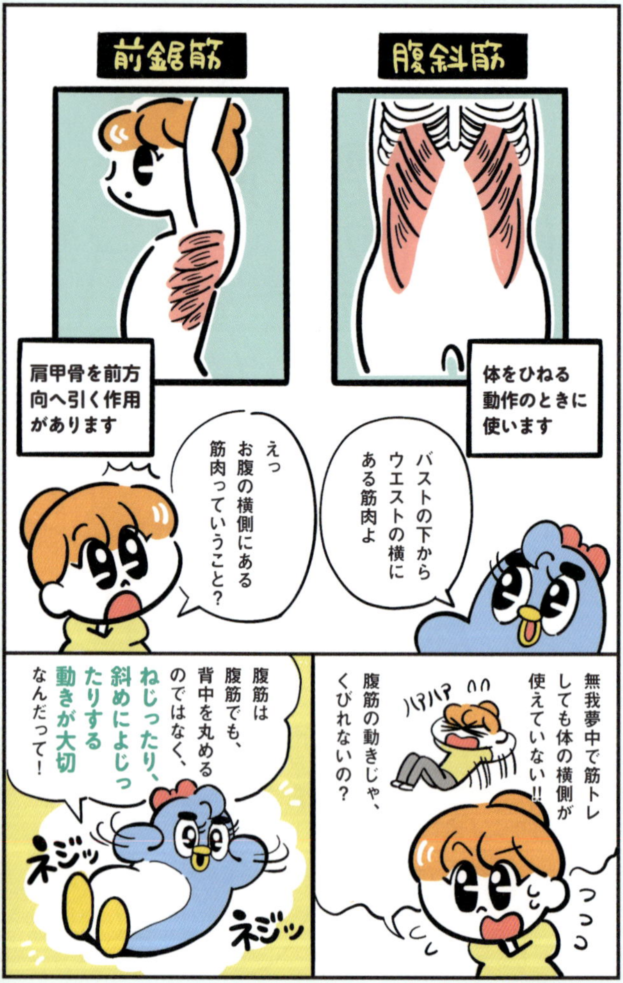

前鋸筋
肩甲骨を前方向へ引く作用があります
腹斜筋
体をひねる動作のときに使います
バストの下からウエストの横にある筋肉よ
えっ お腹の横側にある筋肉っていうこと?
無我夢中で筋トレしても体の横側が使えていない!!
ハアハア
腹筋の動きじゃ、くびれないの?
腹筋は腹筋でも、背中を丸めるのではなく、ねじったり、斜めによじったりする動きが大切なんだって!
ネジッ
ネジッ

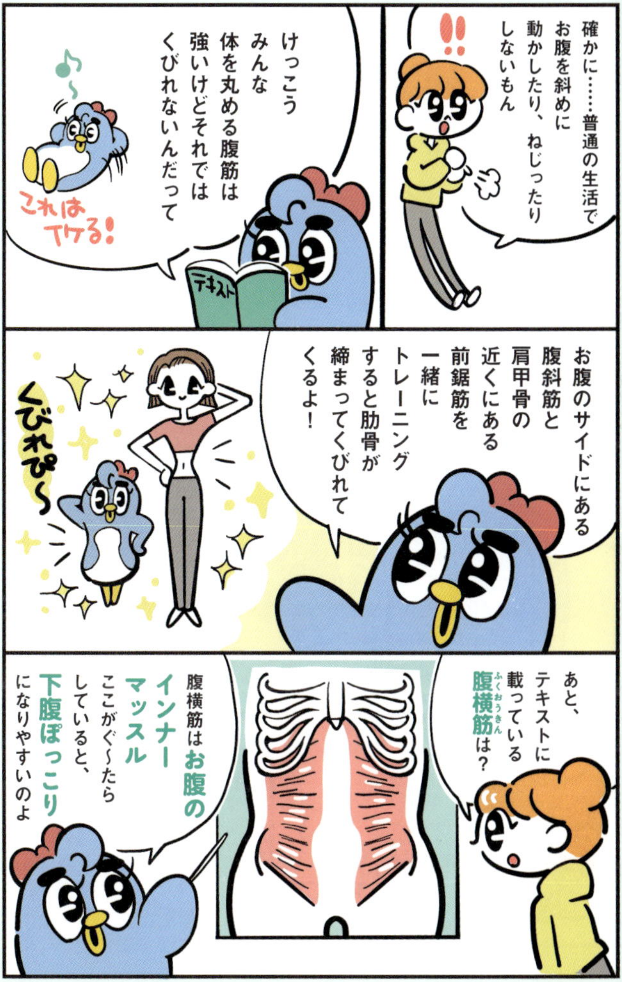
確かに……普通の生活でお腹を斜めに動かしたり、ねじったりしないもん
!!
けっこうみんな体を丸める腹筋は強いけどそれではくびれないんだって
テキスト
これはイケる!
お腹のサイドにある腹斜筋と肩甲骨の近くにある前鋸筋を一緒にトレーニングすると肋骨が締まってくびれてくるよ!
くびれぴ〜
あと、テキストに載っている腹横筋《ふくおうきん》は?
腹横筋はお腹のインナーマッスル ここがぐ〜たらしていると、下腹ぽっこりになりやすいのよ

下腹!!
気になって
いたのよ!!
ス～
ハ～
腹横筋はお腹のコルセットのような役割をしていて腹式呼吸などお腹を凹ませる動作で使われるよ
腹横筋は背すじが伸びているときによく使うのえるたまちゃん、仕事でも猫背じゃない?
そうなると腹横筋は使われにくくなるのよ～
NG
猫背でデスクワーク
NG
立っても猫背
スッキリ
腹横筋を鍛えることで内臓が正しい位置に戻り、便秘解消にもつながるみたいよ
けっこう重要な筋肉じゃない! さっそくお腹のぐ～たら筋を起こさないと!

効果的なのは呼吸によってお腹を凹ますトレーニングよ！
スゥ〜〜
タオル
ハァ〜〜
さらに体をねじる動きを加えるとくびれもできちゃうわよ！
ネジッ
くびれる！
ネジッ
カッ！
なんだかエルピーちゃん、なお先生みたい〜
まぁね〜
すみません！コーヒーおかわりお願いします！
何も今、やらなくてもいいよ……帰ってからやろうよ
ネジィ…

ぐ〜たら筋

3-1 前鋸筋・腹斜筋

女性らしいくびれを作る

くびれがない、横から見ると体の厚みが気になる……、そんなお悩みに効くのが前鋸筋と腹斜筋。ねじる動きを筋トレに加えてしっかり動かしましょう。

どんな筋肉なの?

<腹斜筋>

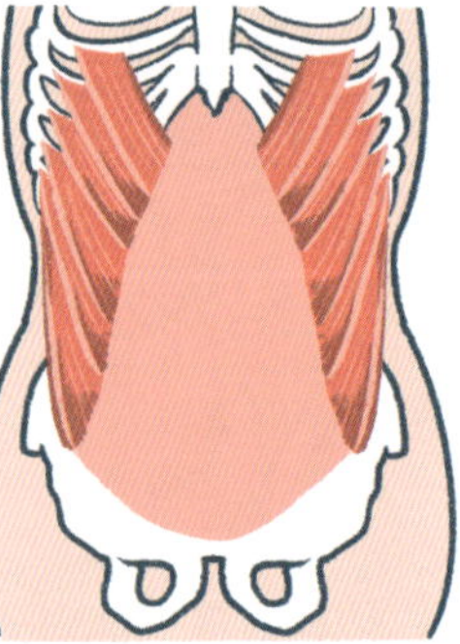

外腹斜筋と内腹斜筋に分かれていて、お腹の中心に向かって斜めに走っています。くびれ作りや開いた肋骨を締めるために必須の筋肉。

<前鋸筋>

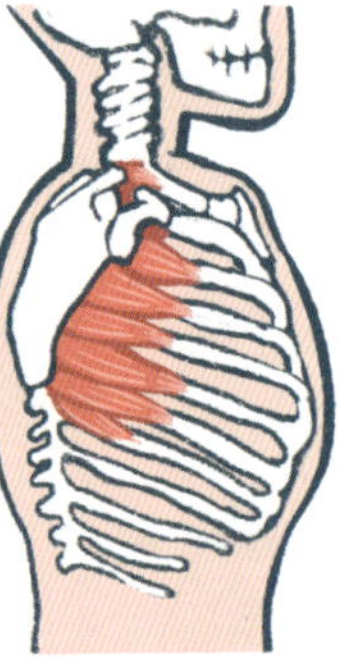

肩甲骨を肋骨に貼り付けてくれる筋肉。くびれ作りに必要な腹斜筋と癒着しやすいので、一緒に鍛えると効果的!

ぐ〜たら筋になってしまう原因

- ねじる動きをしない
- 運動不足
- 呼吸が浅い
- 加齢（年齢による衰え）

日常的に体をねじったり、胸を使って深く呼吸したり、など意識的に肋骨周辺を動かしていないと衰えやすくなります。衰えると肋骨が開きやすくなり、ウエスト周りが寸胴に見えてしまいます。

ぐ〜たらすると起こる不調やボディラインの崩れ

- 体に厚みが出る
- 呼吸が浅くなる
- くびれがない
- 姿勢の崩れ

寸胴な体型になってしまう……

ぐ〜たら筋

3-2 腹横筋

ぽっこりお腹を引き締める

下腹がぽっこりしている、横から見るとお腹の周りが太く見えるのは、腹横筋を使えていない証拠。腹式呼吸で、お腹を凹ますトレーニングを行って、引き締めを!

どんな筋肉なの?

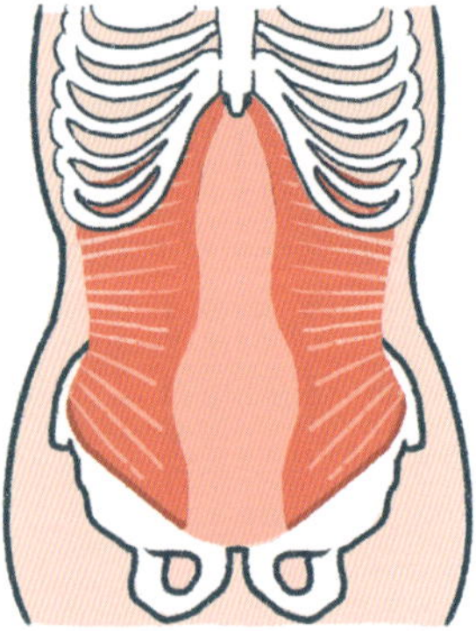

お腹をぐるっと包むように付着していて、お腹のコルセットと呼ばれる筋肉。腹斜筋よりさらに深い層にあり、体幹を安定させます。

ぐ～たら筋になってしまう原因

- ★呼吸が浅い
- ★猫背
- ★骨盤のゆがみ
- ★加齢（年齢による衰え）

お腹の筋肉の中でも一番深層部にあるインナーマッスルのため、うまく使えていない人が多い傾向。放っておくと、内臓が下垂し、血流が悪くなり、ぽっこりお腹に。腹痛や反り腰の原因にも。

前鋸筋・腹斜筋
腹横筋

POINT

日常生活で気をつけたい

お腹周りをすっきりさせるためには、普段から立ち姿勢でも座り姿勢でも背中を伸ばし、軽くお腹を凹ませておくのがポイント。

- ☑ お腹を軽く凹ませて姿勢をよく立つ
- ☑ 体をねじる動きをする
- ☑ 深呼吸をする

ぽっこりお腹まっしぐらだ……

ぐ～たらすると起こる不調やボディラインの崩れ

- ぽっこりお腹
- 腰痛
- 内臓が下がる
- 反り腰

10秒キープ ×3セット

ビギナー向け

肩甲骨を押し出す

前鋸筋の筋トレ❶

肩甲骨を良いポジションにしてくれる筋肉。
肩甲骨から肋骨に付着しているで腹斜筋と密着しているため
硬くなるとくびれが作りにくくなります。

1 四つ這いになる

足は腰幅に手はマット幅に広げます。手と脚の距離を少し離し台形を作ります。

トレーニングのポイント

呼吸と共に肩甲骨を押し出すイメージで行いましょう。背中を丸めないとただの背中のストレッチになってしまうので気をつけて。

2 背中を丸める

息を吸って吐きながら背中を丸めます。肩甲骨を押し出すイメージで行います。手で床を押すとやりやすいです。

3 お尻を引く

背中を丸めたまま息を吐いてお尻を引きます。腕が耳の横まで来たらそこで10秒キープします。

3秒キープ
×3セット

チャレンジャー向け

腕を上げて前鋸筋を使う

前鋸筋の筋トレ②

腕を上に突き出す動きは前鋸筋の働きです。
しっかり押し出すことで普段使わない部位も動かしましょう。

1 仰向けになりひざを立てる

仰向けになり、ひざを立て、両手は拳を作り、天井に向けます。

トレーニングのポイント

天井に向かってグーパンチするときはしっかり上に腕を上げるのがポイント。耳の横に腕を持ってくる動きは無理せずに！

2 上半身を起こす

息を吸って、吐きながら上半身を起こし、拳を天井に押し出すようにします。肩甲骨が床から離れるように背中を丸めるのがポイント。3秒キープします。

上級者向け

余裕がある人は腕を耳の横にすると効果がアップ

NG

腕を前に出すと前鋸筋に効かせられない。

ビギナー向け

左右10回×2セット

地味な動きだけど効く！

腹斜筋の筋トレ①

座っていてもできるトレーニングなので、仕事や家事の合間に行ってみましょう！　地味な動きですが、確実に脇腹をねじることができ、腹斜筋に効きます。

1 椅子に座ってスタート

背筋を伸ばして椅子に座り、右手を頭の後ろ、左手の甲を右の太ももの外側にあてます。

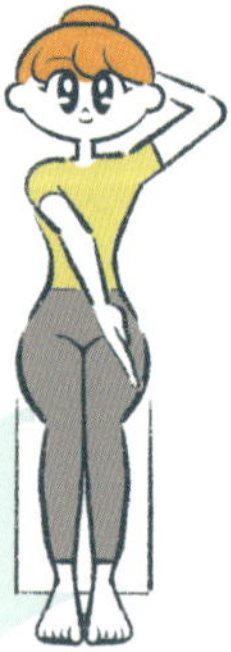

トレーニングのポイント

背中をしっかり丸めたまま肋骨と鼠径部を近づけるようにすると効かせやすいです。

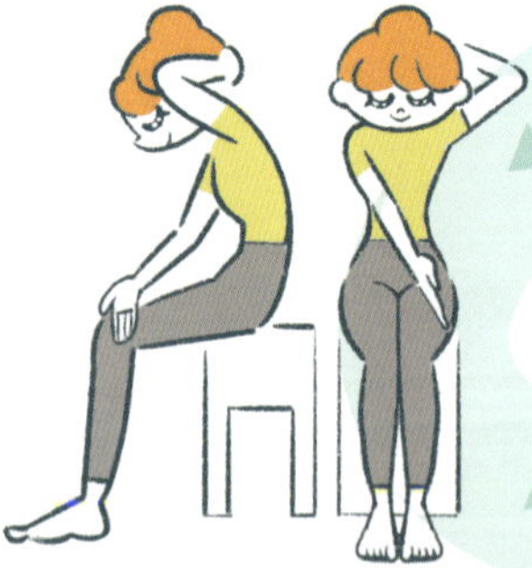

2 背中を丸める

1のポーズのまま、息を吐きながら背中を丸めます。

3 左手をひざまでスライドさせる

背中を丸めたまま左の肋骨と右の鼠径部を近づけるように、左手を斜めにスライドさせてお腹を縮めます。10回繰り返して反対側も同様に。

左右 10回 ×2セット

チャレンジャー向け

お腹の上部にも効く

腹斜筋の筋トレ❷

筋トレ❶では物足りない人におすすめ。
寝転んだ状態でやるのでさらに腹筋に負荷がかかりやすくなります。
肩が首に埋もれやすいので気をつけましょう。

1 両ひざを立てて仰向けになる

両ひざは立てて仰向けになり、ひじをついて体を半分起こします。背中を丸め、腰の後ろをぴったり床につけます。手の甲を反対の脚の太ももの外側にあてます。

トレーニングのポイント

筋トレ❶と同様に手をスライドさせるときに肋骨と鼠径部を近づけるようにするのがポイント。ねじりがしっかり加わるのでウエストシェイプに繋がります。

2 手の甲を斜め前にスライドさせる

息を吐きながら背中を丸めて、手の甲を斜め前にスライドさせます。肋骨と鼠径部を近づけるように心がけましょう。10回繰り返して反対側も同様に。

NG ×

肩に首が埋もれないよう注意！

ビギナー向け

骨盤を前傾させる

腹横筋の筋トレ❶

10回 ×1セット

腹横筋は最深層の筋肉のため鍛えるのが難しい場所ですが、腹式呼吸を行うことで、鍛えることができます。呼吸と共にお腹を凹ます、膨らませる、をリズムよく繰り返しましょう。

1 仰向けになる

腰の下にタオルを挟んで仰向けに寝ます。
腰が少し反っている感覚で OK ！

トレーニングのポイント

タオルを入れることで骨盤が前傾ポジションになるため、腹横筋にアプローチしやすくなります。息は4秒で吸って6秒で吐くリズムでゆっくり行いましょう。

2 息を吸ってお腹を膨らませる

息を4秒かけて吸いながらお腹を膨らませます。

3 息を吐いてお腹を凹ます

息を6秒かけて吐きながらお腹を凹ませます。お腹を薄っぺらくするイメージで行います。10回繰り返しましょう。

左右10秒キープ×3セット

チャレンジャー向け　腹横筋を活性化させる

腹横筋の筋トレ❷

腹式呼吸しながら、バランスを取ることで体幹を鍛える運動です。お腹と背中のインナーマッスルを使うことができ、下腹のぽっこり解消に効果的です。

1 四つ這いになり、右脚をお尻の高さまで伸ばす

息を吐きながらお腹を凹ませ、右脚をお尻の高さで伸ばします。

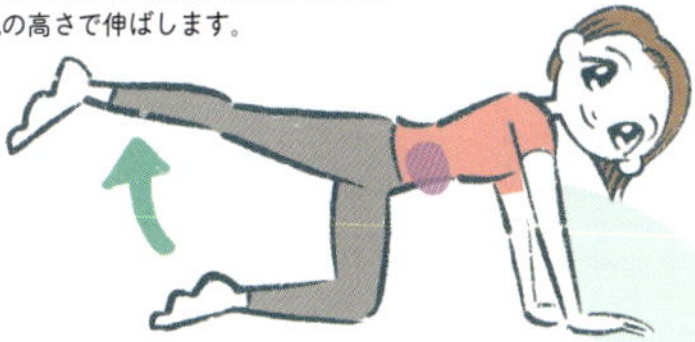

トレーニングのポイント

できるだけ左右に体がブレないように丁寧に行うことで、より深層部の筋肉に効かせることができます！

2 左手を上げる

お腹を凹ませたまま、左の手を耳の横まで上げます。その状態で10秒キープ。反対側も同様に。

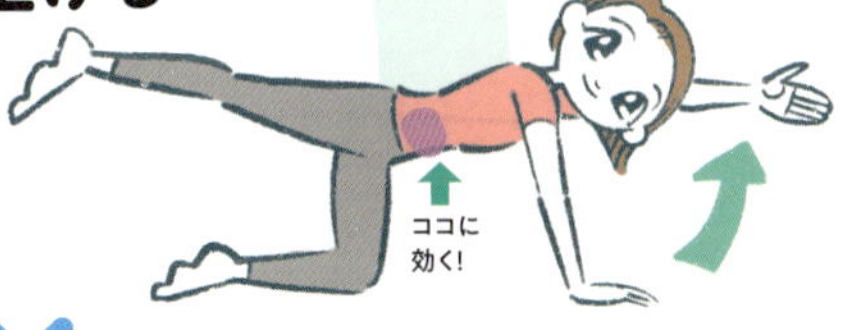

NG

体が傾いたり、腰が反りすぎたりしないように注意。

お腹周り編

しっかり伸ばして さらに効果アップ

腹直筋をストレッチ

筋トレと
合わせると
ボディメイク
しやすい！

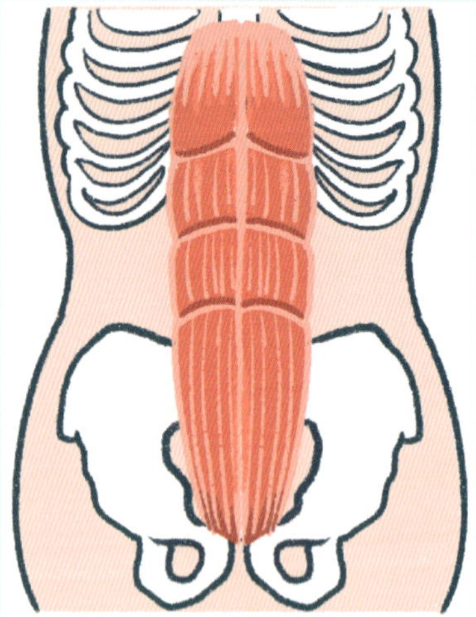

腹直筋《ふくちょくきん》とは?

腹部の正面にあり、俗にシックスパックと呼ばれる筋肉。肋骨から恥骨まであり、背中を丸めるときに使われます。

猫背の姿勢が続くと
縮んだまま
硬くなりやすいの

どうしてストレッチしたほうがいいの？

腹直筋はアウターマッスルのため、他の腹筋に比べて動かしやすく、使われすぎて硬くなりやすい傾向に。ほぐすことで、ぐ～たらしている腹横筋と腹斜筋が使われやすくなります。

8秒キープ
×3セット

お腹を伸ばす

縮まったお腹のままだと余計にぽっこりお腹になってしまうので、
しっかり伸ばしましょう。
胸も開いていくので、姿勢もよくなります！

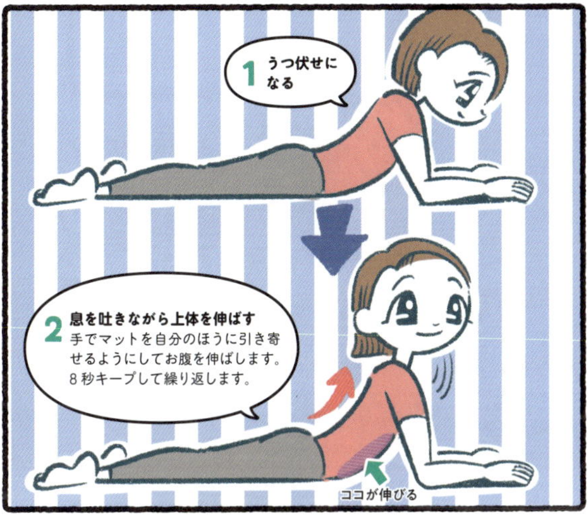
1 うつ伏せになる
2 息を吐きながら上体を伸ばす
手でマットを自分のほうに引き寄せるようにしてお腹を伸ばします。8秒キープして繰り返します。
ココが伸びる

肩から耳を遠ざけるようにするのがポイント
スフィンクス

ぐ〜たら筋4

多裂筋《たれつきん》

あれ、お尻が出ちゃうから、腰は反りすぎないで！
ビシィッ!!
まいったなあ～
猫背になっています
あごが上がっています
笑顔で！
ヒ～
がんばって！
お疲れ様～時間かかったね
きれいな姿勢で立つって意外と難しいなあ
今日これから、なお先生と打ち合わせでしょ？
!!
いけない！急がないと！
ダッッ!!

先生こんにちは！
ゼーゼー
あら、こんにちは！今日はカレンダーのイラストの打ち合わせでしたね！
今日も先生素敵……立ち姿もきれい～
ス…
今日えるたまさん婚活用の写真を撮ったんですよ！
これ見てくださいなかなかきれいな姿勢で立てなくて
あら！でもがんばりましたね～

正しい姿勢で立つのは意識してないとけっこう難しいのよ
NG
骨盤が前傾
反り腰
骨盤が後傾
猫背
NGな姿勢で多いのは猫背や反り腰ね
そういえばカメラスタッフさんに
腰が反っている！
って言われました
プリッ
ポコッ
反り腰
猫背
GOOD!
どちらも骨盤をGOODな角度で保てていないことが原因！
肋骨が出ている
下腹が出る
太ももが張る
腰が反りすぎ
お尻が出る
正しい姿勢で立っているつもりでも腰が反って、お尻が出て肋骨が開いちゃう反り腰の人も多いです
確かに姿勢をよくしようと思うと、反り腰になっちゃいます
体幹が弱いせいでしょうか？
??

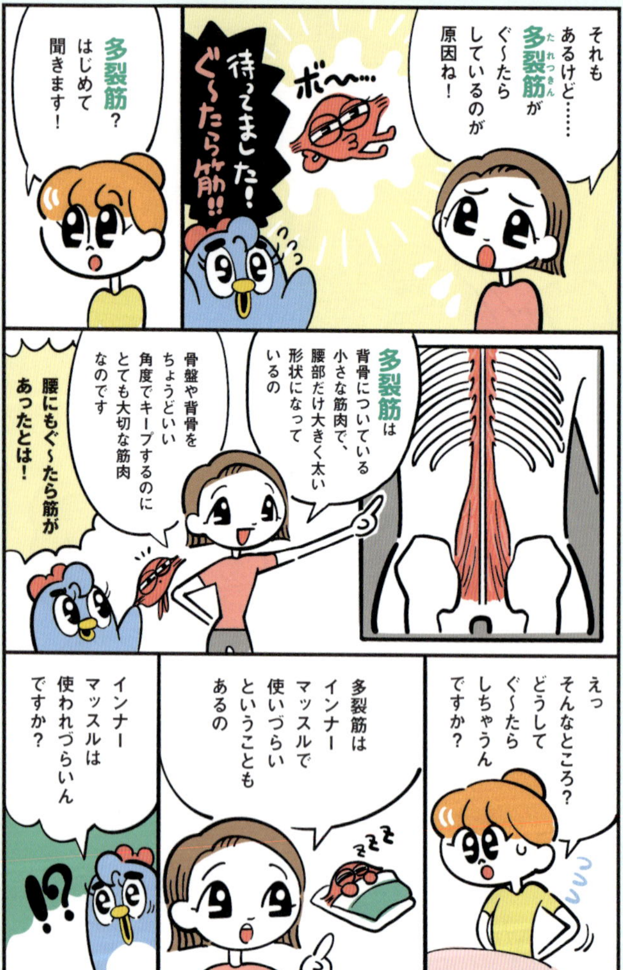
それもあるけど……多裂筋《たれつきん》がぐ〜たらしているのが原因ね！
ボ〜〜…
待ってました！ぐ〜たら筋!!
多裂筋？はじめて聞きます！
多裂筋は背骨についている小さな筋肉で、腰部だけ大きく太い形状になっているの
骨盤や背骨をちょうどいい角度でキープするのにとても大切な筋肉なのです
腰にもぐ〜たら筋があったとは！
えっそんなところ？どうしてぐ〜たらしちゃうんですか？
多裂筋はインナーマッスルで使いづらいということもあるの
zzz
インナーマッスルは使われづらいんですか？
!?

背中には
首から骨盤まである
脊《せき》柱《ちゅう》起《き》立《りつ》筋《きん》が
あります
ハッスル!
アウターマッスル
なので、背中を支えるのに
よく使われる筋肉なの
それで
多裂筋が
使われにくい
のですね
そうなのよ
多裂筋は骨盤を
安定させるための
筋肉なのだけど、
ぐ～たら
していると
腰痛の原因にも
なるの
イタタ…
私が腰痛ぎみ
なのは
ぐ～たら筋のせい
だったのかあ～
さらに
多裂筋が弱いと
背中を過剰に反って
お腹も
出やすく
なっちゃうの
ポッコリ
こういう
ところって、
どう
やって
鍛えたら
いいん
ですか?

まずは立ち姿勢から見直してみましょう。
ピシィッ!
目線はまっすぐ
あごを引く
お腹を凹ます
耳の位置、肩、骨盤、ひざ、くるぶしを一直線上に
ピシッ!
ピシャッ!
こうですか?
次は座っている姿勢をチェック!
ピシッ
きゃー座っている姿勢はかなり悪いです
ほんとだよねー
!?
座っているときも腰が丸くならないように骨盤を立たせて座ることで多裂筋が働きます
スマホを見ているときの姿勢にも注意が必要だわ
NG
OK

シンクにもたれて反り腰
テレビを見ているとき骨盤が寝ている
通勤中は猫背
毎日の何気ない姿勢の崩れが、ボディラインを崩す原因になるの
ぜ～んぶやっているかも……
正しい姿勢を心がけるだけでお腹周りもすっきりして、腰痛も軽減されますよ！
やるぞー!!
ぐ～たら筋3と合わせて、多裂筋を動かしてみて！お腹のサイド、表、裏の3方向から改善できてお腹周りがほっそりしますよ！
婚活フォト、リベンジします！

ぐ~たら筋

4 多裂筋

反り腰の原因になる

お腹周りは前側、横側だけでなく、後ろ側からもケアしないときれいなウエストラインになりません。背中側にあるぐ~たら筋もチェックしておきましょう。

どんな筋肉なの?

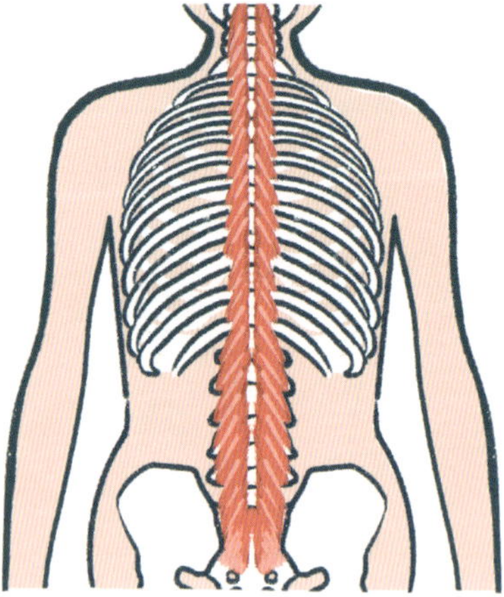

首から腰の脊椎の椎体をまたいで付着する小さな筋肉。脊柱を伸展させたり、姿勢を安定させたりするときに使う重要な筋肉の一つ。

ぐ〜たら筋になってしまう原因

- ★ヒールをよく履く
- ★立ち方・座り方が悪い
- ★筋力の低下
- ★胸を張りすぎている

立っているときに胸を張りすぎていたり、座っているときに猫背になっていたりすると多裂筋がうまく働きません。反り腰や腰痛の原因になってしまいます。

ぐ〜たらすると起こる不調やボディラインの崩れ

反り腰	垂れ尻
腰の浮き輪肉	下腹ぽっこり

多裂筋

日常生活で気をつけたい POINT

お腹周りをすっきりさせるためには、普段から姿勢に気をつけるのが一番。お腹を凹ませて腰が反りすぎないように。座っているときはお尻の骨（座骨）で座るのがポイント。

- ☑ 正しい姿勢を心がける
- ☑ 座るときは深く腰かけない
- ☑ ヒールは控える

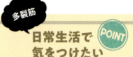

CHECK

きれいな姿勢は
ボディメイクの基本!
鏡でチェックしてみて!

正しい姿勢は横から見ると耳の位置、肩、骨盤、ひざ、くるぶしが一直線上に揃っているのが理想。普段から気づいたときに姿勢を正すようにしてみて。

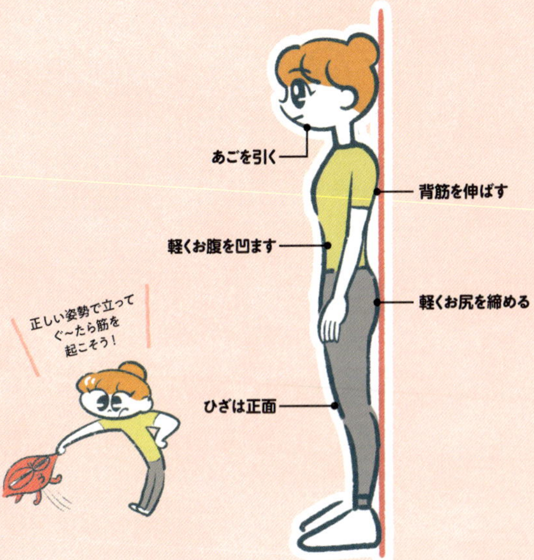
あごを引く
背筋を伸ばす
軽くお腹を凹ます
軽くお尻を締める
ひざは正面
正しい姿勢で立って
ぐ~たら筋を
起こそう!

ビギナー向け

骨盤を立てる練習をする

多裂筋の筋トレ❶

10回 ×3セット

反り腰ではなく、まずは多裂筋を使って
骨盤を立てる練習をしましょう。
骨盤が立てられるようになると姿勢が安定してきます。

1 椅子に浅く座る

椅子に浅く座り、手で三角形を作り、おへその下にあてます。親指と人差し指が床に対して垂直になるように背すじを伸ばす。

トレーニングのポイント

背中を大きく反らせたり丸めたりするのではなく、骨盤を動かす意識で行いましょう。

2 背中を丸める

息を吸いながら背中を丸めて、息を吐きながらお腹を凹ませて1に戻る。1に戻る過程で多裂筋に効いてきます。10回繰り返します。

上に背骨を引き伸ばすイメージで腰を反りすぎないように気をつけよう。

チャレンジャー向け

腰部にピンポイントに効く

多裂筋の筋トレ②

左右10回×3セット

多裂筋の中でも特にフォーカスしたい腰部に効かせる筋トレです。
筋トレ❶と同様に呼吸と共に行うことで
インナーマッスルが使われます。

トレーニングのポイント

息を吐きながらお腹を凹ませて、背中全体をゆるやかに反らせることがポイント。そうすることで腰部の多裂筋もしっかり効かせることができます。

1 両手をYの字に伸ばしてうつ伏せになる

両足は肩幅に開いて、両手はYの字に伸ばしてうつ伏せになります。

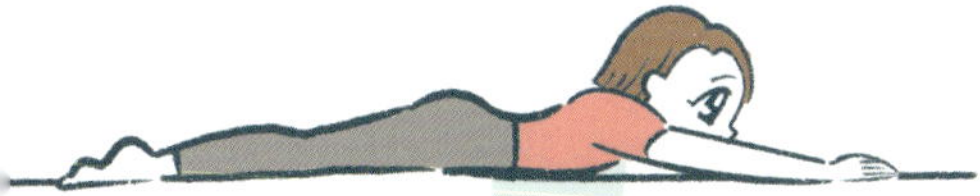

2 右手と左足を上げる

息を吐きながらお腹を凹ませて、右手と左足を上げます。

3 反対側を行う

息を吸いながら手足を下ろし、息を吐きながら左手と右足を上げます。左右交互に20回行います。

お腹周り編

しっかり伸ばして さらに効果アップ

脊柱起立筋をストレッチ

筋トレと
合わせると
ボディメイク
しやすい！

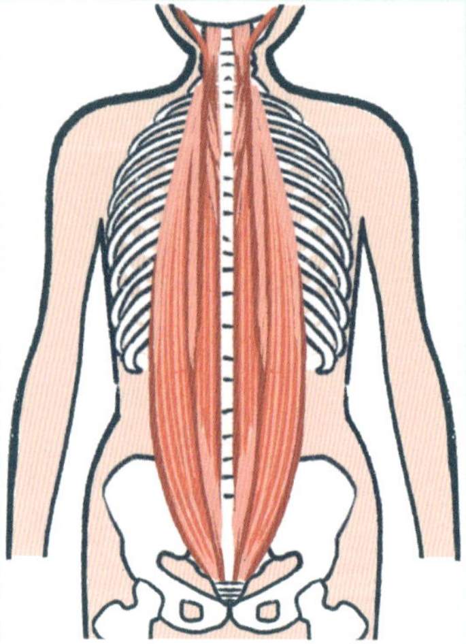

脊柱起立筋とは？

首から腰にかけて、背骨の両側に並行して付着している筋肉。背骨を支えているアウターマッスルで背中を反ったり、姿勢を保持したりするときに使われます。

背中の筋肉が
頑張っていたのね！

どうしてストレッチしたほうがいいの？

筋肉は一般的に長い筋肉のほうが働きやすいため、筋肉が弱い人ほど短い筋肉より長い筋肉を使います。そのため多裂筋ではなく、脊柱起立筋を使って姿勢保持している人が多いので、伸ばして背中から腰までをほぐしましょう。

8秒キープ
×3セット

背中を丸める

体を反らせるときに使われる脊柱起立筋は、
丸めるポーズをして、ストレッチします。
あごが上がらないように注意しましょう。

1 仰向けになり
ひざを曲げる
2 あごを引いて、ひざを
胸に引き寄せる
8秒キープして、緩める動作を。2～3回繰り返します。
グッ！
NG
あごが上がる
のはNG

反り腰の解消にも
おすすめ！

COLUMN2

産後などの尿漏れ対策に 骨盤底筋《こつばんていきん》を鍛える

出産や加齢によって筋力が低下してしまう骨盤底筋。
ぐ〜たら筋ではありませんが、弱くなりやすいため尿漏れや
ボディラインの崩れなどにも影響しています。

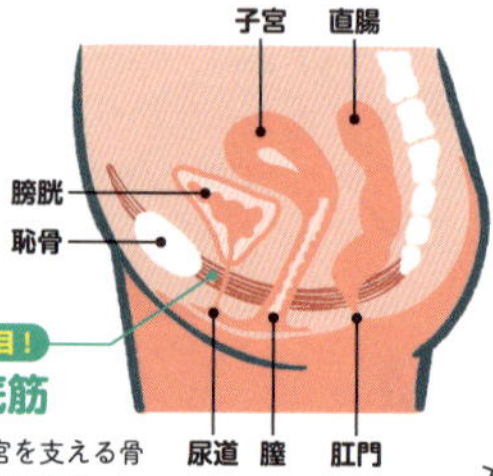

骨盤底筋

内臓や子宮を支える骨盤の下にある筋肉。

尿漏れの原因

女性の場合、子宮、膣、膀胱などの臓器は骨盤底筋によって支えられています。産後や加齢によって骨盤底筋が緩むことで、尿漏れや湯漏れなどを起こす原因に。

[筋トレ方法]

5回

1 丸めたタオルをお尻の下に敷く

丸めたタオルの上にあぐらの状態で座ります。

2 お尻でタオルを圧迫する

息を吸って、お腹を膨らませ、骨盤をタオルにベタッとつけるイメージをもちます。

3 息を吐く

息を吐きながらお腹を凹ませてタオルを優しくつかみ上げるイメージで背すじを伸ばします。5回繰り返します。

PART 3

もっさり背中、タプタプの二の腕

背中・腕周り 編

ふと鏡に映った自分の後ろ姿に驚愕したことはありませんか？　下着にお肉が乗っている、二の腕がたる〜んとしていると年齢よりも老けて見えてしまいます。自分でなかなか気づかない部位はぐ〜たら筋をさらにサボらせてしまうので、集中的に動かしましょう！

ぐ〜たら筋5

僧帽筋《そうぼうきん》中部・下部

きゃあ！♥
可愛い！
えっ！何この背中……下着の上に背中の肉が……
!?
それになんだか丸い……
今までスウェットだったから油断していた！
どうしたの？はやく出てきてよ
??
見てよ！この背中！
!!
うわ～～
背中のお肉や丸まった背中は老けて見えちゃうよ！
うっ……自分の後ろ姿なんてあんまり見ないし
そ……そうだよねなお先生の動画レッスンで背中の筋肉を解説していたから、帰って見ようよ
うん…

すみません これ 似合わな かったので……
いいですよ～
どれ かな～
えるたま ハウス
あった！ これよ
廣田なお です！ 今日は 背中の 筋肉に ついて 解説します！
背中のお肉が 気になる人、 背中が丸まっ ている人は 肩甲骨 周りの筋肉が ぐ～たらして います
出ま した！
ぐ～‥
ぐ～たら筋!!

肩甲骨周りの筋肉の一つ
僧帽筋《そうぼうきん》に注目です！
中でも僧帽筋中部、
僧帽筋下部が
ぐ～たら筋です
僧帽筋
僧帽筋中部
どぅ…
僧帽筋
下部
僧帽筋中部は、肩甲骨を
寄せるときに使われます
ここが
ぐ～たらする理由は、
猫背の日常化です
また、
猫背か～
デスクワークは
もちろん、
何か抱えて
長時間
座ったり
していま
せんか？

推しの配信
見ているとき、
まさにこの
ポーズに
なっている！
キャピ
キャピ
何か抱えて
長時間
座ってませんか？
もう一つのぐ〜たら筋は
僧帽筋下部です。
こちらは肩甲骨を下げる
ときに使う筋肉です
ちなみに
頬づえを
ついて
スマホとか
見ていま
せんか？
ニヤ
ニヤ
だいたい
いつも
こんな
姿勢
だよね

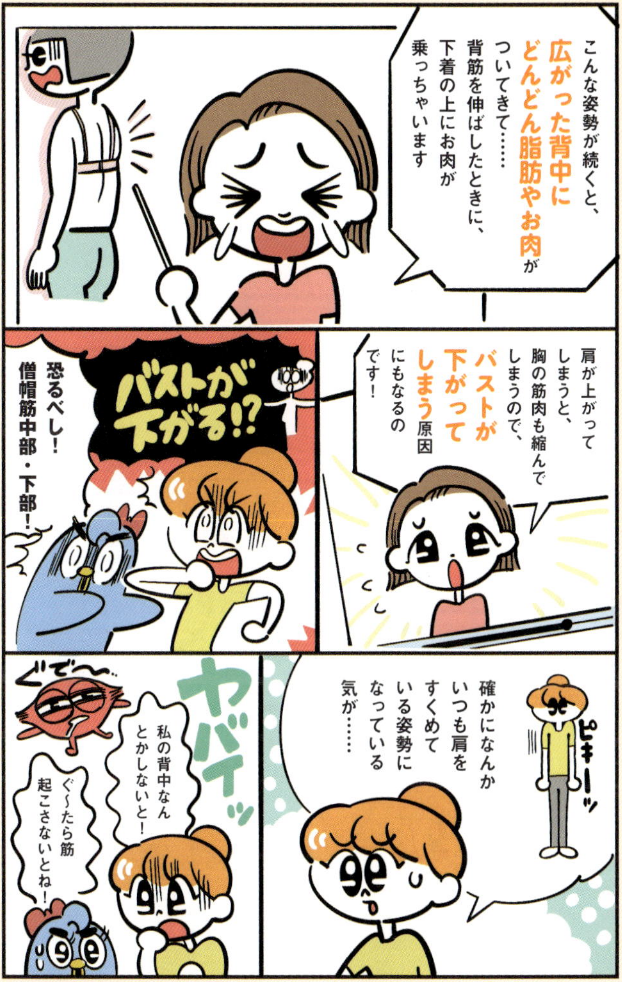
こんな姿勢が続くと、広がった背中にどんどん脂肪やお肉がついてきて……背筋を伸ばしたときに、下着の上にお肉が乗っちゃいます
肩が上がってしまうと、胸の筋肉も縮んでしまうので、バストが下がってしまう原因にもなるのです！
バストが下がる!?
恐るべし！僧帽筋中部・下部！
確かになんかいつも肩をすくめている姿勢になっている気が……
ピキーーッ
ヤバイッ
私の背中なんとかしないと！
ぐ～たら筋起こさないとね！
ぐで～…

姿勢に気をつけながら、僧帽筋を収縮させる運動を習慣化しましょう！
ビョーーン
猫背や反り腰に気をつけて背中を伸ばそう
シャキッ!!
寝ながらでもできる、簡単なトレーニングを紹介するので、ぜひやってみてくださいね！
ふむふむ
あっそうだ！
推しの配信を見るときは、トレーニングしながら見たら？
これならできそう!!
ブルーレイ

Let's Dance!
カッ!!
カッ!!
寝た姿勢のままできるから、ながらトレーニングにぴったり！
う～背中が伸びて気持ちいい～
Yeah! Yeah!
僧帽筋下部トレーニング
僧帽筋中部トレーニング
背中がすっきりきれいだと後ろ姿が映えますよ！360度美シルエットを目指しましょう！
映えたい！
がんばるぞ！
オ～

ぐ〜たら筋

5 僧帽筋中部・下部

背中のはみ肉を解消

下着の上にお肉が乗る、なんだか後ろ姿がもっさりしている……。そんな人は僧帽筋中部・下部を動かしましょう。しっかり動かせばスッキリした背中になります。

どんな筋肉なの?

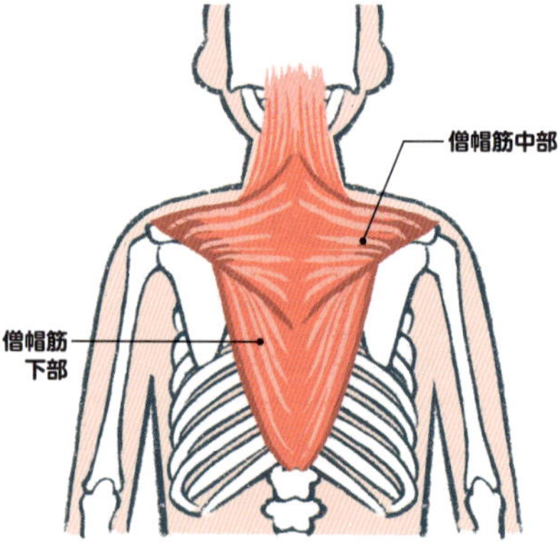

首の後ろから肩、背中にわたる大きな筋肉で上部、中部、下部に分けられます。中部は左右の肩甲骨を近づけ、下部は肩甲骨を下に下げる働きをします。

ぐ～たら筋になってしまう原因

- 猫背
- 胸の筋肉が硬い
- 長時間のデスクワーク
- 肩コリを放置している

長時間のデスクワークやスマホの見すぎで、猫背になってしまうと肩甲骨周りが硬くなり、背中に脂肪がつきやすくなりもっさりした印象に。肩コリや背中痛になりやすく、呼吸も浅くなりやすいです。

ぐ～たらすると起こる 不調やボディラインの崩れ

- 肩コリ
- 背中のはみ肉
- 背中痛
- バストが下がる

肩コリや
バストが下がるのは
ぐ～たら筋が原因なのね

僧帽筋
中部・下部

日常生活で気をつけたい POINT

デスクワークでも休憩タイムなどに、肩から大きく肩甲骨を回すようにして、こまめにほぐしましょう。また、背中が硬くならないように、胸を大きく開いて深呼吸するだけでも OK！

- ☑ 肩甲骨を回す
- ☑ 姿勢に気をつける
- ☑ 胸を起こすように心がける

背中のはみ肉を
チェック！
ヤバイかも

こんな風に寝ていない？
巻き肩になってしまう！

横向きに寝る癖があって、肩を下にして内側に巻き込むような姿勢で寝ていると、巻き肩になるなど、肩、首コリの原因に。抱き枕などを利用して肩を内側に巻き込まないように調整して寝るようにしましょう。

ビギナー向け

肩甲骨を正しい位置へ！

左右10回×3セット

僧帽筋中部の筋トレ❶

普段、猫背でデスクワークが多い人におすすめのトレーニング。
ひじを引くと僧帽筋中部が自然と動き、よい姿勢が保持しやすくなります。
背中も二の腕もスッキリしますよ！

1 横向きに寝転がる

耳、肩、骨盤、かかとが一直線になるように横向きに寝て、ひざを90度に曲げます。上の手を頭の後ろに添えます。

トレーニングのポイント

ひじを引くときに、肩甲骨を背骨に近づけるイメージで行いましょう。胸が伸びる感覚もGOODです。

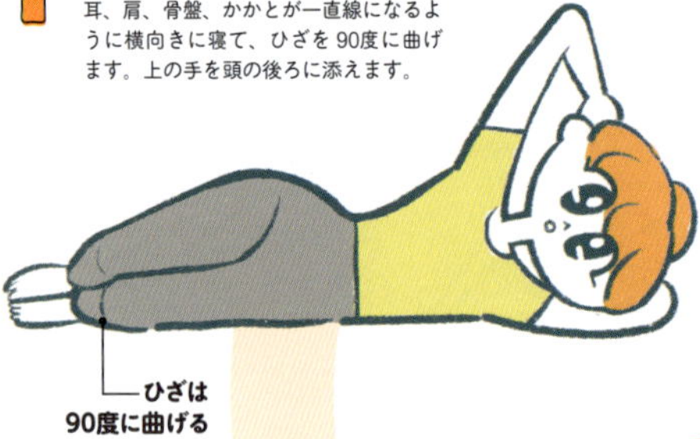
ひざは
90度に曲げる

カッ
お腹を凹ます

2 ひじを後ろに引く

息を吐きながら、お腹を凹ませて、ひじを後ろに引きます。10回繰り返して反対側も同様に。

チャレンジャー向け

重力を使って背中を鍛える

10回 ×3セット

僧帽筋中部の筋トレ②

上体を倒すことで負担が強くなり、
背中の筋肉がしっかり使われます。
背中が丸くならないようにするのがポイントです。

1 両腕を体の横まで大きく広げる

脚を腰幅に開き、軽く股関節とひざを曲げます。背筋を伸ばし両腕を肩の高さまで大きく広げます。

トレーニングのポイント

ただ単に腕を上げるのでなく、肩甲骨を背骨に近づけるイメージで行いましょう。目線は2～3m先の床を見ましょう。

×

背中が丸まらないようにしましょう。

2 両腕を上げる

息を吐きながら背中で肩甲骨を寄せるイメージで腕を上げます。10回繰り返します。

ビギナー向け

胸を開いて肩甲骨を下げる

僧帽筋下部の筋トレ①

10回 ×3セット

丸まった背中を伸ばして、腕を耳の後ろまで引くと
自然と僧帽筋下部が使われます。
効いている感じがしなくてもフォームがあっていればＯＫ！

1 壁に手をつける

親指を立て、こぶしを作り、壁につけます。手は肩幅より少し広めに開きます。

トレーニングのポイント

背中をしっかり反らしつつも、腰を痛めないように息を吐きながら、お腹を凹ますのがポイント。お尻を少し突き出すようにするとやりやすいです。

お尻を少し
突き出す
お腹を
凹ませる

2 背中を軽く反らす

ひざと股関節を曲げて、鼻先と胸を壁に近づけるように背中を反らします。このとき、お腹は吐く息と共に凹ませておきましょう。10回繰り返します。

チャレンジャー向け

左右10回×3セット

姿勢がよくなり、きれいな背中に！

僧帽筋下部の筋トレ②

椅子に座った状態でできるので、
デスクワークの合間にやるのもおすすめです。
腕を後ろに引くことで肩甲骨の位置が下がり、バストアップ効果も！

1 椅子に座って、右腕を上げる

椅子に座り、上半身を斜め前に倒します。親指を立ててこぶしを（GOODポーズ）を作り、腕を上げます。

トレーニングのポイント

腕を引いたときに腰が大きく反らないよう、息を吐いて軽くお腹を凹ませながら行いましょう。

2 腕を後ろに引く

肩甲骨を下げるイメージで腕を後ろまで引きます。このとき目線は正面をキープします。1に戻り10回繰り返します。反対側も同様に。

OK
腕は耳の横を通るイメージ。

NG
腕が横に広がりすぎると僧帽筋下部に効かせられない。

ぐ〜たら筋6

三角筋《さんかくきん》・上腕三頭筋《じょうわんさんとうきん》

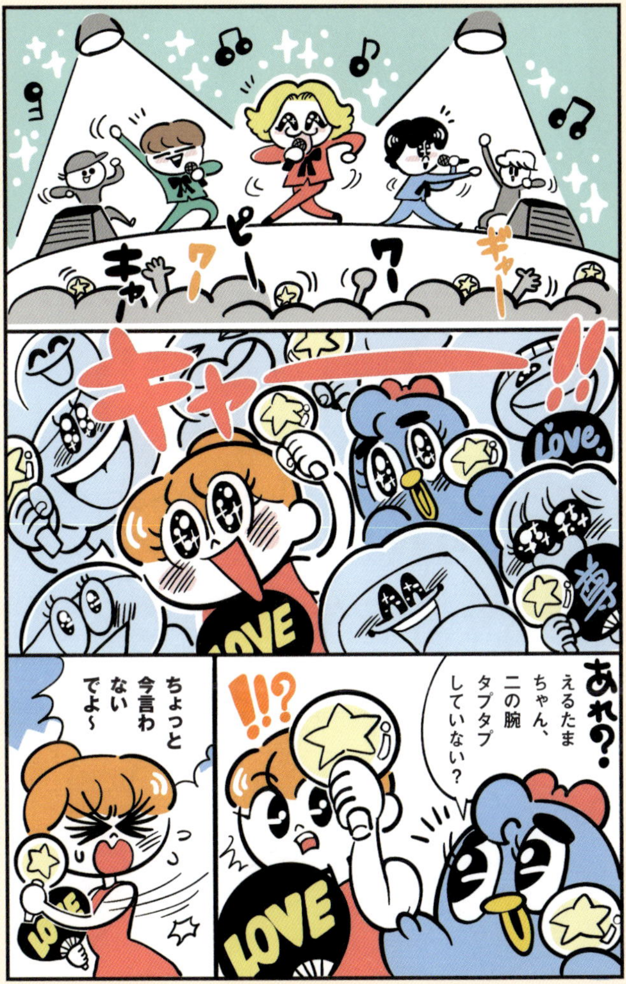
ギャー
ワー
ピー
ワー
キャー
キャー!!
LOVE
Love
あれ?
えるたまちゃん、二の腕タプタプしていない?
!!?
LOVE
ちょっと今言わないでよ~
LOVE

終わった～
Big アリーナ
あ～ 楽しかった～
楽しかったねー
でも エルピーちゃんが 二の腕のことを 言うから、途中で フリフリも 最小限にしちゃった じゃないの
だって 気に なっちゃっ て……
ジーッ
あら！ えるたまさん、エルピーちゃん！
あー!! なお先生！

先生もコンサート来ていたんですか？
そうなの ここのグループにヨガレッスンしていた縁で見に来たの
きゃ〜 そうなんですね〜
そのときのこといろいろ聞きたい〜
違うでしょ！先生！えるたまちゃんの二の腕がタプタプなんですよ！
二の腕タプタプの原因って、なんなんですか？？
たぷ たぷ
そうね、一番の原因は、巻き肩よ

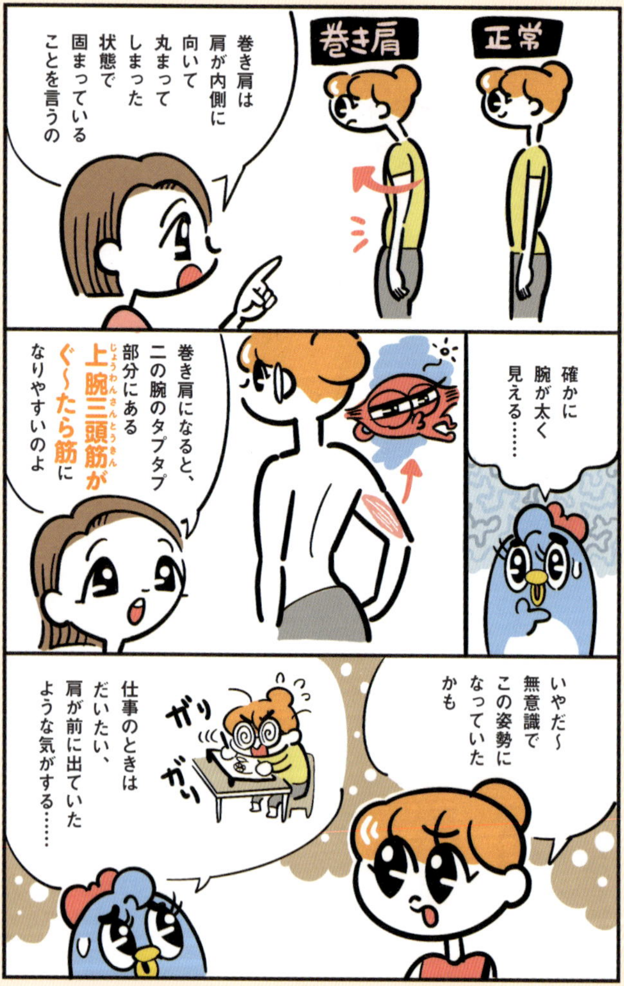

正常
巻き肩
巻き肩は肩が内側に向いて丸まってしまった状態で固まっていることを言うの
確かに腕が太く見える……
巻き肩になると、二の腕のタプタプ部分にある上腕三頭筋《じょうわんさんとうきん》がぐ～たら筋になりやすいのよ
いやだ～無意識でこの姿勢になっていたかも
ガリ
ガリ
仕事のときはだいたい、肩が前に出ていたような気がする……

ひじを伸ばすときに使う上腕三頭筋は使わないままだと硬くなりやすいの
!?
ムチッ
ムチッ
zzz
放っておくと猫背や巻き肩を悪化させて、背中や腕が太くなりやすくなるのよ
確かに腕の後ろにある上腕三頭筋はあまり動かしていないです
日常的にあまり使う動きをしませんからね
1
2
意識的に腕を引くトレーニングをするのがおすすめですよ！
カッ
なるほど！

それに肩コリもつらいでしょ？
わかりますか!?つらいっていうもんじゃないですよ！
いってぇ〜
マッサージ中
これもぐ〜たら筋が関係あるの
出た！ぐ〜たら筋！
三角筋《さんかくきん》に注目よ！
肩を覆う筋肉で肩関節の旋回や腕を支えてくれているのよ
三角筋がぐ〜たら筋になっているせいで首から肩までがモリッとしちゃったり、肩こりの原因になったりするの
ハッスル！
ヒェ〜
モリッ

三角筋は腕を上げるときに使う筋肉なんだけど、クセで肩の上にある僧帽筋上部のほうを使ってしまう人が多いの
確かに腕だけじゃなく肩をすくめながら動かすことが多いかも
僧帽筋上部を使わずにしっかり腕を使うようになれば、肩も腕もスッキリするわ
よし！次のコンサートは二の腕をスッキリさせて、巻き肩も改善するわ！
待っててね推しメン!!
誰も待ってないよ〜
カッ

ぐ〜たら筋

6-1

二の腕のたるみの原因

上腕三頭筋

二の腕がタプタプ、腕が太く見える……、などの腕周りのお悩み。腕の裏側にある上腕三頭筋は、普段あまり使われないので、気がつくとぐ〜たらしがちな筋肉です。

どんな筋肉なの?

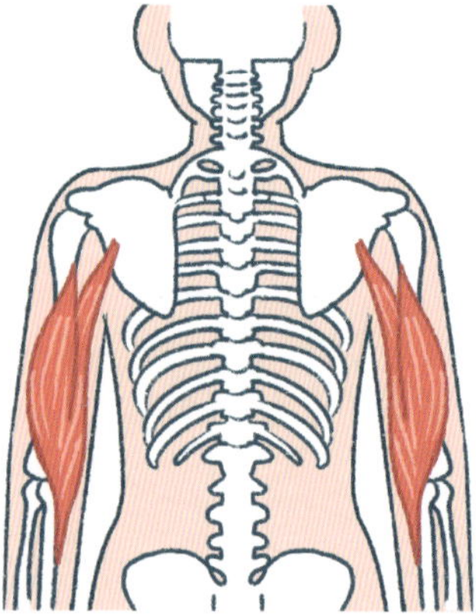

腕の裏側にある筋肉。ひじを伸ばす、腕を後ろに引くときに使われます。二の腕がたるむのはここが使われていないことが原因。

ぐ〜たら筋になってしまう原因

- ★腕を後ろに動かさない
- ★姿勢が悪い
- ★ひじを曲げていることが多い
- ★巻き肩になっている

デスクワークなどでひじを曲げている時間が長かったり、猫背の姿勢が長く続いたりすることで弱りやすい筋肉。二の腕のタプタプはもちろんひどくなると腕が上がらなくなる原因にも。

ぐ〜たらすると起こる不調やボディラインの崩れ

- 二の腕のたるみ
- 四十肩・五十肩
- 腕が太く見える
- もっさりした上半身

普段から意識して
腕を後ろに引いてみよう！

ぐ〜たら筋

6-2 三角筋

首から肩のラインががっちり見える

正面から見ると首と肩のつながり部分がモリッとしている人は、三角筋がぐ~たらしているかも。腕からしっかり動かす練習をして改善しましょう。

どんな筋肉なの?

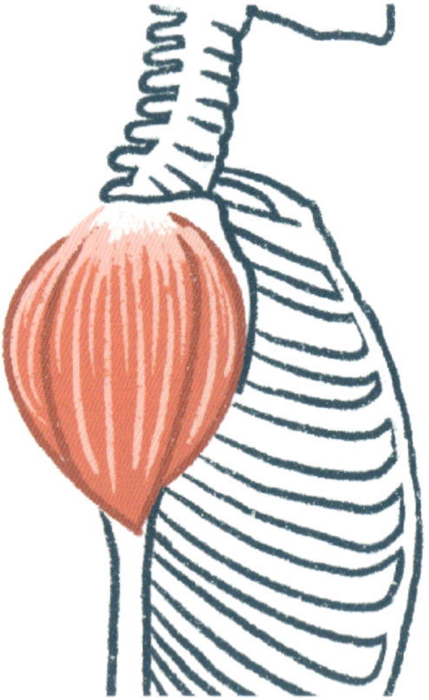

肩を覆うように腕のつけ根に付いているアウターマッスル。前部、中部、後部の３つに分かれています。腕の動きの基本となる筋肉。

ぐ〜たら筋になってしまう原因

★猫背
★肩をすくめる癖がある
★肩コリの放置

腕を動かすときに背中側の首から肩にかけて付いている僧帽筋上部を使いすぎてしまうと、三角筋があまり働いていない状態に。三角筋が衰えてしまうと、他の肩の筋肉に負担がかかり、首から肩までがモリっとなりやすいです。

上腕三頭筋
三角筋

POINT 日常生活で気をつけたい

座っていても肩が上がっている人が多いので、肩の力を意識的に抜いてみましょう。腕を上げるときは肩をすくめるのではなく、腕を使うように。腕だけをぐるぐる動かすなどしてストレッチを。

- ☑ 首や肩のストレッチをする
- ☑ 腕を上げるとき、肩から上げない
- ☑ 肩の力を抜く

［ぐ〜たらすると起こる不調やボディラインの崩れ］

- 首から肩がモリッとなる
- 首の痛み
- 肩コリ

上半身ががっちり見えるだけでなく、腕が太く見えてしまうことも

ビギナー向け

10回 ×3セット

ひじを後ろに引いてぐ〜たら筋を動かす

上腕三頭筋の筋トレ①

ひじの曲げ伸ばしによって上腕三頭筋をピンポイントで鍛えます。
負荷が足りない人はペットボトルを持って
筋トレするとさらに効果的です。

1 椅子に座ってひじを曲げる

背筋を伸ばしたまま軽く前傾姿勢で座ります。ひじを90度に曲げて後ろに引きます。

トレーニングのポイント

ひじの位置は固定したまま腕を伸ばすことで、上腕三頭筋を鍛えることができます。胸を張って、目線を落とさないようにするとより効果的です。

ココに効く
目線は落とさない

2 ひじを伸ばす

ひじの位置は固定したまま、ひじだけ伸ばして、10回繰り返します。余裕がある人はペットボトルを持ってやるのもOK。

×
NG
ブン
ブン

ひじごとぶんぶん動かしても、上腕三頭筋には効かないので注意を。

★★★ チャレンジャー向け

10回 ×3セット

体の重みを使って鍛える

上腕三頭筋の筋トレ❷

ひざをついた腕立て伏せ風のトレーニングですが、
鍛えるのは腕の裏側！
腰が反らないように気をつけましょう。

トレーニングのポイント

お腹を凹ませて腰の反りすぎに注意！腰を反ると肩に余計な負担がかかってしまい逆効果に。

1 手で三角形を作り四つ這いになる

四つ這いになり、手で三角形を作ります。ひざを一歩ずつ後ろにつき直し、手と脚の距離を離します。

2 手に額を近づける

息を吸いながらひじを曲げて、手に額を近づます。ひじは外側に開くイメージで行います。

3 1の状態に戻る

お腹の力が抜けて腰が反ってしまわないように息を吐きながら、1の姿勢に戻ります。10回繰り返します。

ビギナー向け

腕を上げ下げする

三角筋の筋トレ❶

10回 ×3セット

肩の付け根から腕まで意識して動かすトレーニングです。三角筋全体に効かせられます。座ってできるので、デスクワークの合間に行うのもおすすめです。

1 椅子に座りひじを90度に曲げる

椅子に座って、ひじを 90 度に曲げて胸の前にセットします。手の甲を前に向けます。

トレーニングのポイント

ひじを上げるときに肩がすくまないようにするのがポイント。肩はあくまでもリラックスして、腕のつけ根から動かすようにしましょう。

2 ひじを開く

ひじを肩の高さのまま横に開きます。

3 腕を真上に伸ばす

肩がすくまないように（耳に肩が近づないように）気をつけながら腕を伸ばし、手の甲は後ろに向けます。

4 腕を戻す

肩の位置まで腕を戻します。

5 1の状態に戻る

1の状態に戻り、10回繰り返します。

チャレンジャー向け

三角筋の後部を動かす

三角筋の筋トレ②

10回 ×3セット

三角筋の後部に効かせるトレーニング。
見た目は腕をパタパタさせるだけですが、背中の筋肉ではなく、
腕の重みが負荷になるので肩がすくなまいように気をつけましょう。

1 椅子に座り、両腕を後ろに引く

椅子に座って上半身を前に倒して、腕を斜め後ろに引きます。背筋を伸ばして目線は正面を意識して。

トレーニングのポイント

椅子は足裏が床につく高さのものにして、浅めに腰を掛けるとやりやすいです。肩甲骨は動かさないように、腕のつけ根からパタパタと上下させましょう。

2 腕を上下させる

姿勢をキープしたままパタパタと腕を上下させます。肩がすくまないように気をつけながら、10 回繰り返しましょう。

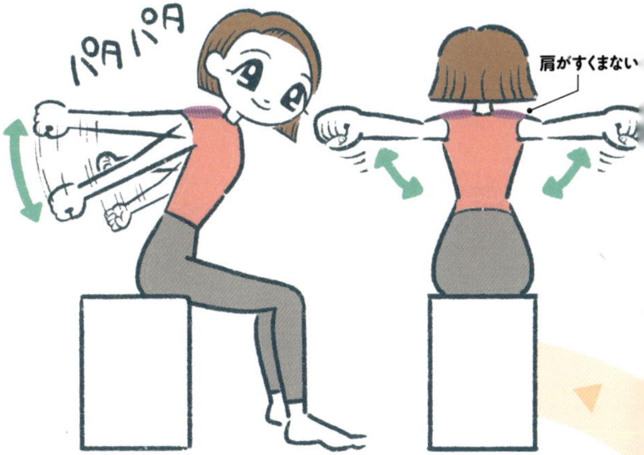

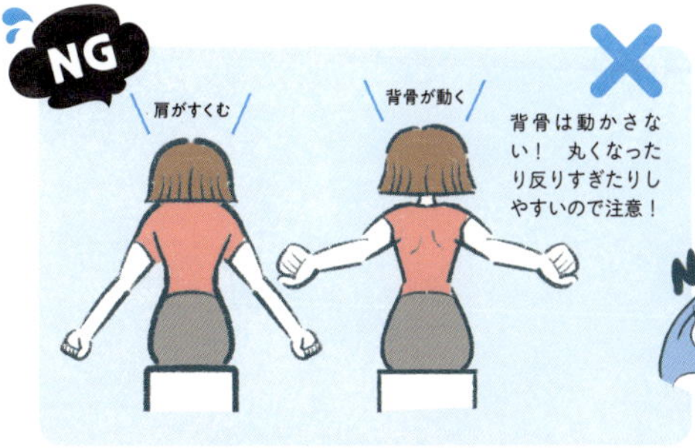

背中・腕周り編

しっかり伸ばしてさらに効果アップ

僧帽筋上部・大胸筋・小胸筋をストレッチ

筋トレと
合わせると
ボディメイク
しやすい！

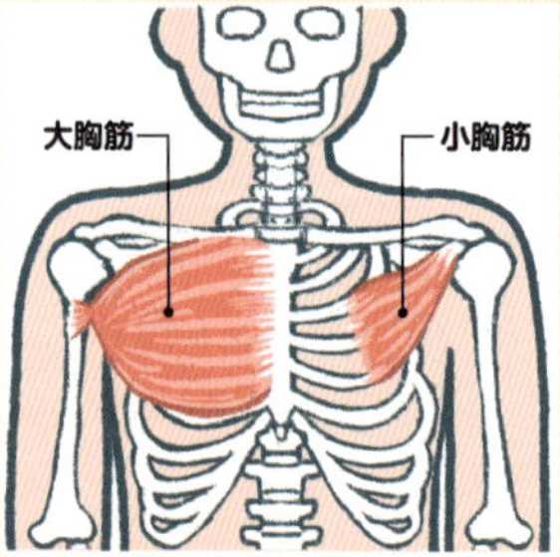

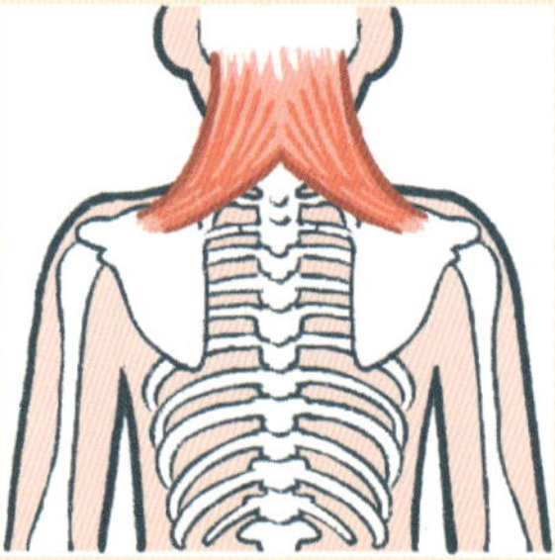

大胸筋《だいきょうきん》・小胸筋《しょうきょうきん》とは?

大胸筋：胸部の最も広く大きな筋肉。衰えるとバストが下がる原因に。猫背によって硬くなっていることが多い。**小胸筋**：大胸筋の深層に位置する筋肉で、上部は肩甲骨、下部は肋骨に付着しています。硬くなると巻き肩の原因に。

僧帽筋上部とは?

首から肩甲骨にかけてある筋肉。肩をすくめるときなどに使われますが、動かしやすいため腕を上げ下げするときも、つい使ってしまう筋肉。また猫背が続くことで肩が自然にすくみ、気がつかないうちに硬くなっていることも。

どうしてストレッチしたほうがいいの？

日常動作で無意識に使われやすい僧帽筋上部や、猫背などで縮みがちな大胸筋や小胸筋を伸ばすことで、巻き肩や背中にお肉がつくのを解消し、ぐ～たら筋が動かしやすくなります。

左右8秒キープ
×3セット

首の後ろを伸ばす

肩コリの原因でもある僧帽筋上部は硬くなりがちなので、
ストレッチしてほぐしましょう。
首を傾けるときはゆっくり呼吸して
リラックスしながら行いましょう。

1 息を吸って肩をすくめる
2 息を吐いて肩を戻す
3 首を傾けて少しあごをひく
KEEP!
4 後頭部に手を置き、首の斜め後ろ側を伸ばす
8秒キープして反対側も同様に。

首コリ、肩コリにも効きます！

左右8秒キープ×3セット

胸を開く

猫背によって縮んでしまった大胸筋を伸ばします。大胸筋が硬くなっていると胸が開かず、僧帽筋中部・下部が使いづらくなるのでしっかりストレッチしましょう。

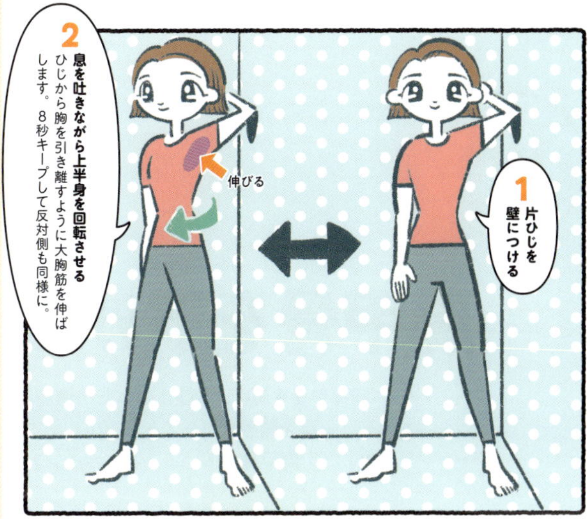
1 片ひじを壁につける
2 息を吐きながら上半身を回転させる
ひじから胸を引き離すように大胸筋を伸ばします。8秒キープして反対側も同様に。
伸びる

腕から胸までを開くイメージでやってみてね！
!!

10回
×2セット

肩甲骨を下げる

猫背や巻き肩により硬くなった小胸筋を
胸を開きながらストレッチします。
肩甲骨を下げることがポイント。

1 両ひざを立てて、フォームローラー（もしくはタオル）の上に仰向けになる
2 肩を後ろに回して肩甲骨を寄せ手のひらは天井に向ける
伸びる
3 息を吸って吐きながら中指をかかとに近づけるようにして、肩甲骨を下げる
2に戻り10回繰り返します。
フォームローラーがあるとやりやすいですが、ない人はタオルを丸めてやってみましょう！

COLUMN3

これで快眠！ 夜寝る前におすすめ 瞑想

1日がんばった体をリラックスさせましょう！　瞑想にはさまざまな種類がありますが、特に形にこだわらず、自分が一番リラックスした状態で行うのがおすすめです。

このまま眠ってもOK

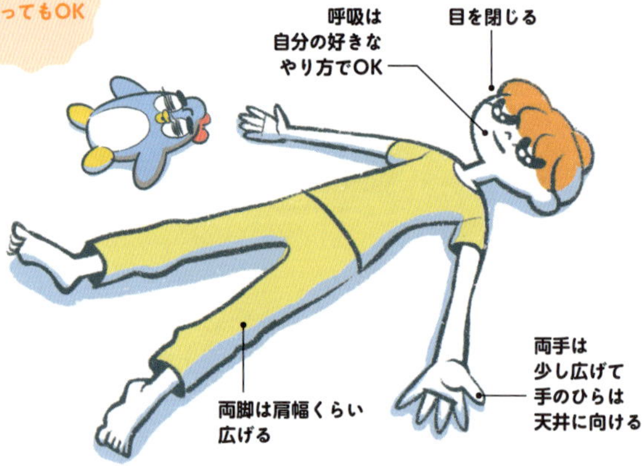

呼吸は
自分の好きな
やり方でOK
目を閉じる
両脚は肩幅くらい
広げる
両手は
少し広げて
手のひらは
天井に向ける

瞑想のやり方に
こだわらず、
取り入れやすい方法で
始めてみましょう

[瞑想方法]

STEP 1 楽な姿勢で仰向けになる

STEP 2 呼吸をする

目を軽く閉じ、10～20呼吸ゆっくり繰り返します。このとき、自分の呼吸音を聞いてみましょう。呼吸に集中することで、余計なことを考えず”今”に集中できます。

PART 4

ふくらはぎのむくみ、扁平足

脚編

足裏の筋肉とすねの筋肉がぐ～たらすることで、
脚のラインが崩れたり、
ふくらはぎやももが太くなったりしてしまいます。
足裏を動かして、
土台から整えてお悩みを解消しましょう！

ぐ〜たら筋7

足裏の筋肉、前《ぜん》脛《けい》骨《こつ》筋《きん》

なんか元気ないね
足がむくんでいて、パンパンだし、まだ足先冷たいままなんだよね〜
美筋ヨガ
こんにちは〜なお先生！
こんにちは！
あら、なんか調子が悪そうね
大丈夫？
えるたまちゃん、足先が冷えてて、ふくらはぎのむくみも気になるみたいなんですよ

えるたまさん裸足になってみて
はい！なりました
床に足をつけてみるとわかると思うけど、えるたまさんの足の裏にアーチがないでしょ
正常
アーチあり
扁平足
まっすぐ
扁平足なんです、私
アーチがないのと、ふくらはぎのむくみは関係あるんですか？
それがあるのよ

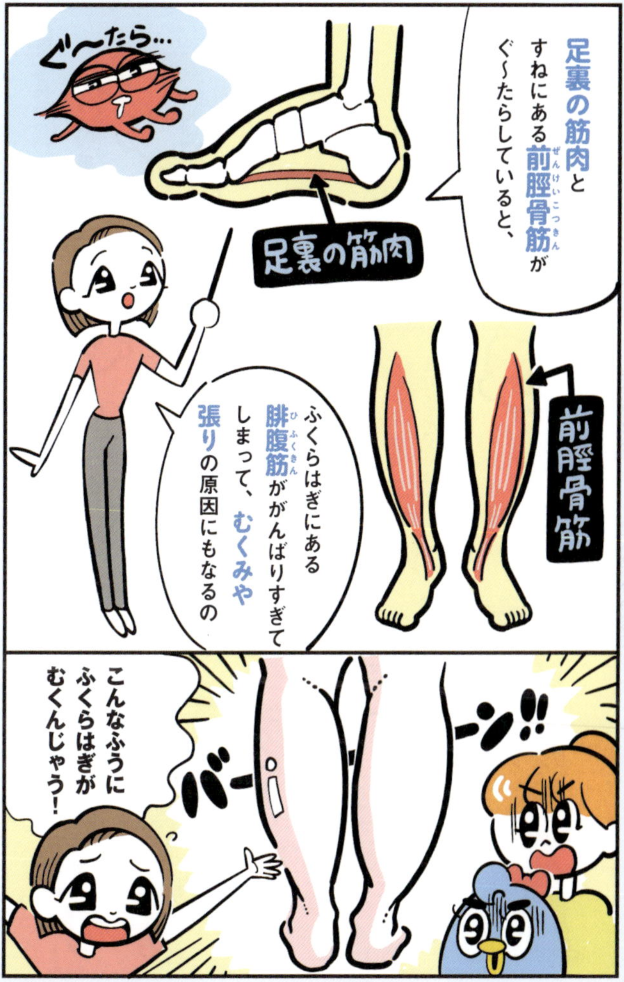
足裏の筋肉とすねにある前脛骨筋《ぜんけいこつきん》がぐ~たらしていると、
ぐ~たら…
足裏の筋肉
前脛骨筋
ふくらはぎにある腓腹筋《ひふくきん》ががんばりすぎてしまって、むくみや張りの原因にもなるの
バーーン!!
こんなふうにふくらはぎがむくんじゃう!

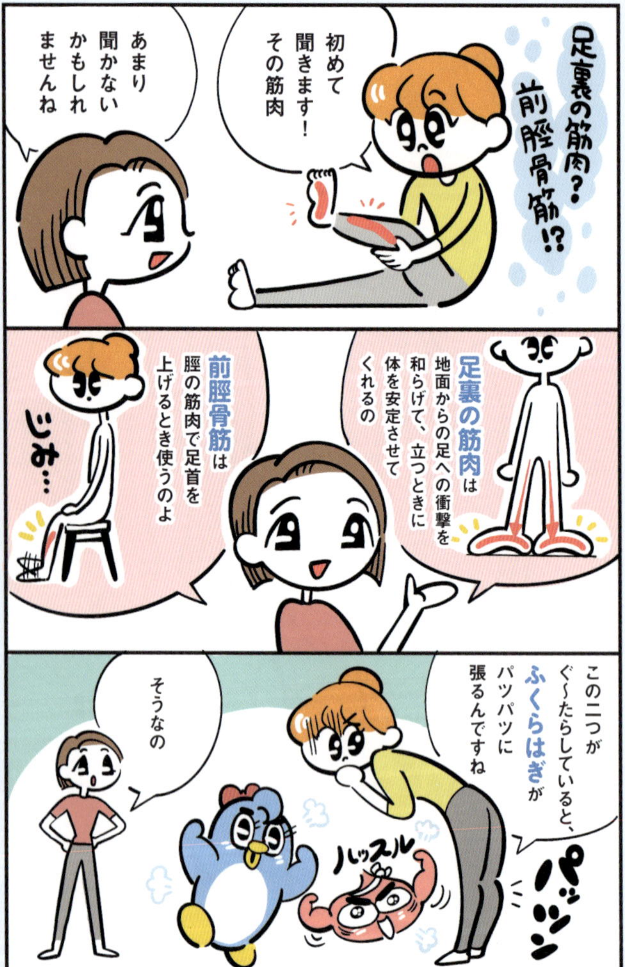
足裏の筋肉？
前脛骨筋!?
初めて聞きます！その筋肉
あまり聞かないかもしれませんね
足裏の筋肉は地面からの足への衝撃を和らげて、立つときに体を安定させてくれるの
前脛骨筋は脛の筋肉で足首を上げるとき使うのよ
じみ…
この二つがぐ〜たらしていると、ふくらはぎがパツパツに張るんですね
パッツン
ハッスル
そうなの

ちなみにえるたまさん、足指でビー玉つかめる？
ビー玉!?
まあできると思います！
わ～ん!!難しいです～
うぐぐ…
まずはこれからね！
これを続けることで足裏のアーチが徐々にできてきますよ！
もう一つのぐ～たら筋の前脛骨筋は？

えるたまさん
ひざとかかとがまっすぐの位置になるようにしゃがんでみて
ポイントはつま先とヒザの向きはまっすぐ!
キャ〜〜
後ろに転がっちゃう〜
!?
前脛骨筋が弱くなると、足首を深く曲げることができなくなるの
えー!!
じみな所なのに!?
結果、ふくらはぎの筋肉が伸びなくなって血行不良になるの
それもまた、冷えやむくみに繋がるのよ
!!
なるほど足首の周りが硬いからなんですね!
足裏と一緒にトレーニングしたほうがいいわね

グデ…
ぐーたら
ピシッ
ガッ
足裏のアーチができれば、姿勢も安定するわ！
足裏の筋肉のためにも足指を動かしやすい靴がいいんですか？
そうね。裸足が一番だけど、5本指ソックスもおすすめよ
ヒールを履くのは婚活だけにしておきます！
五本指ソックスじゃ、ヒールは履けないもんね……
アハハ

ぐ～たら筋

7-1 足裏の筋肉

姿勢を安定させる

足裏は、歩行や運動をするためには重要な部位です。特に土踏まずなど足裏のアーチがあると、足裏で衝撃を吸収できるようになり、ふくらはぎが疲れにくくなります。

どんな筋肉なの?

足裏には10の筋肉が付いていて、足底筋群と呼ばれています。歩くときなどに体にかかる地面からの衝撃を和らげる働きをしています。筋力が衰えると怪我のリスクが高まります。

ぐ〜たら筋になってしまう原因

★靴を履いている時間が長い

★あまり歩かない

★足指を動かさない

★運動不足

足に合わない靴を履いていると足裏のアーチが崩れてしまうので、扁平足になりがち。足が地面についたときの衝撃が吸収されず、その負担がふくらはぎへ。血行も悪くなり、脚のむくみに繋がります。

PART 4 脚編

ぐ〜たらすると起こる不調やボディラインの崩れ

扁平足	ふくらはぎのむくみ
脚の冷えむくみ	怪我をしやすい

足裏のアーチ作りが大切なんだね

ぐ～たら筋

7-2

前脛骨筋

ふくらはぎのむくみの原因

ふくらはぎがむくむのは、筋肉を使っていないからと思いがちですが、実はすねの前脛骨筋が弱っていることが原因なことも。すねを鍛えることでふくらはぎも引き締まります。

どんな筋肉なの?

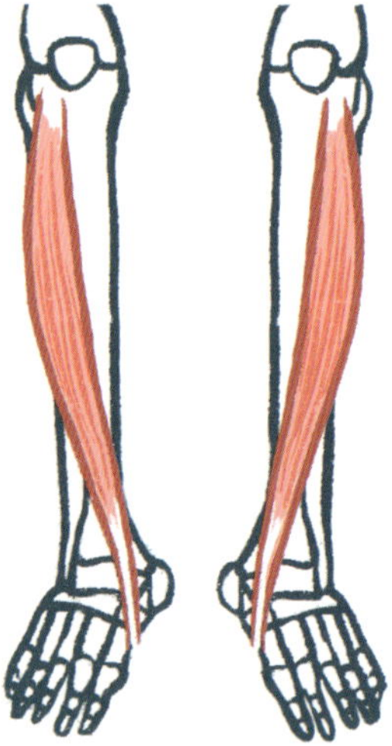

すねにある筋肉。つま先を上に持ち上げたり、足首を反らしたりするときに使われます。歩行するときに使われるため、弱ってくると転倒しやすくなります。

ぐ～たら筋になってしまう原因

- ★深くしゃがまない
- ★ヒールをよく履く
- ★立ち仕事が多い
- ★猫背

深くしゃがむ姿勢が少なくなったり、日常ですねの筋肉を使う機会が減ったりしたことがぐ～たら筋になる原因。すねが硬くなることで裏側にあるふくらはぎも硬くなり、むくみや張りに繋がります。

足裏の筋肉・前脛骨筋

日常生活で気をつけたい POINT

できるだけ裸足か5本指ソックスを利用して足指をリラックスして広げることで、足裏の筋肉を動かしやすくしましょう。また日常的にしゃがむ動作を心がけることで前脛骨筋が働きやすくなります。

- ☑ 負荷がかかる靴はあまり履かない
- ☑ 家の中では裸足で過ごす
- ☑ しゃがむ回数を増やす
- ☑ 足指を広げる（5本指ソックスなど）

すねの筋肉を動かしてむくみ解消に！

ぐ～たらすると起こる不調やボディラインの崩れ

- ふくらはぎのむくみ
- 転倒しやすい
- ひざ痛
- O脚・X脚

ビギナー向け

足指を動かして足のアーチを作る

足裏の筋肉の筋トレ①

左右10回×2セット

扁平足を防ぐためにはまずは足裏のアーチを作るトレーニングを。
座ったままでスマホやテレビを見ながらできるので、
1日中、靴を履いていた日はトレーニングしてから寝るのがおすすめ。

1 ビー玉を足指でつかむ

ひざを立てて座り、ビー玉を用意します。足指でビー玉をつかんで、足首を上げます。

トレーニングのポイント

足指を根元の関節からしっかり曲げてビー玉をつかみましょう。筋力もアップしますが、神経伝達もスムーズに行えるようになります。

2 ビー玉を移す

ビー玉は離さず、そのまま移動します。10回繰り返して反対側も同様に。

左右10秒キープ×2セット

チャレンジャー向け　足裏を鍛える

足裏の筋肉の筋トレ②

立った状態でタオルを引っ張ることで
足の指や足裏の筋肉全体が使えるようになります。
むくみの解消にも繋がります。

1 親指のつけ根でタオルを踏む

タオルを長方形になるように縦に畳んで、手でタオルを持ち、親指のつけ根でタオルをつかむように踏んで、ひざを軽く曲げます。

トレーニングのポイント

タオルを常に引っ張り続けましょう。ひざとつま先を同じ向きにすることがポイント。

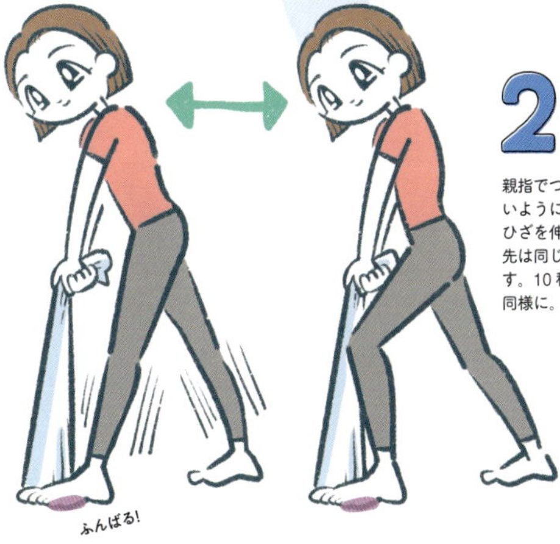

2 ひざを伸ばす

親指でつかんだタオルが抜けないように足裏でふんばりながらひざを伸ばします。ひざとつま先は同じ方向を向くようにします。10秒キープして反対側も同様に。

ビギナー向け

左右10回×2セット

すねの筋肉を収縮させる
前脛骨筋の筋トレ①

ボールペンなどがあれば簡単にできる、
すねの筋肉のためのトレーニングです。
足首を曲げることで、前脛骨筋に効かせることができます。

1 ボールペンを足指でつかむ

ひざを立てて座り、ボールペンを足指でつかみます。

トレーニングのポイント

足首を曲げたときつま先が外に向いてしまうのはNG！　ひざとつま先が同じ向きになるようにしましょう。

2 足首を曲げる

足先がすねと同じ向きになることを意識して、足首を曲げます。すねの筋肉が硬くなっていればGOOD！　10回繰り返して反対側も同様に。

8秒キープ ×2セット

チャレンジャー向け

しゃがむ姿勢になってすねを鍛える

前脛骨筋の筋トレ②

簡単そうに見えて、前脛骨筋が硬い人にとっては難しいポーズです。
深くしゃがむことですねの筋肉を最大に縮めます。
続けると、足首も柔らかくなります。

1 立った状態で腕を前に伸ばす

脚は腰幅に開き、両腕は前に伸ばします。

2 しゃがむ

ひざとつま先が真っすぐ正面を向いていることを意識しながら、ゆっくりしゃがみます。

ジワ
ジワ
かかとが
浮かないように!

トレーニングのポイント

足はかかとまで床につけたまま深くしゃがみこんでみましょう。後ろに転がったとき、怪我がないように気をつけましょう。

これでもOK

後ろに転がってしまう場合は手を前にしたままでOK！

ココに
効く!

3 両腕を後ろに回して指を組む

2の姿勢のまま両腕を後ろに回して指を組んで、8秒キープします。

脚 編

しっかり伸ばして さらに効果アップ

腓腹筋をストレッチ

筋トレと
合わせると
ボディメイク
しやすい！

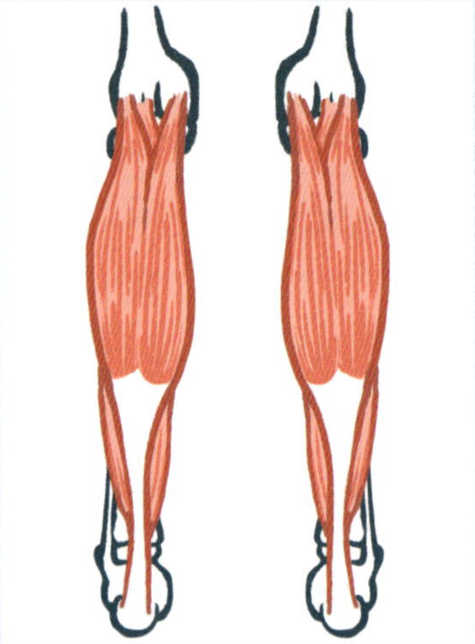

腓腹筋とは?

ふくらはぎの筋肉の一つ。ひざ関節と足関節の両方の動きに関わるアウターマッスル。ひざの曲げ伸ばしや足首を動かすときに働きます。

むくみがち
なのよね

どうしてストレッチしたほうがいいの？

ふくらはぎが弱くなっていたり、硬くなっていたりするとすねや足首も硬いまま。ふくらはぎを伸ばすことで、疲れがとれやすくなり、血流やリンパの流れもよくなります。

10回
×2セット

ふくらはぎを伸ばす

お尻を上げることで、ふくらはぎ、
アキレス腱がしっかり伸びます。
息を吐くタイミングに合わせて踏み込むと GOOD ！
よく歩いた日などに行ってみましょう。

1 お尻を高く上げる
四つ這いの姿勢から、お尻を高く上げます。
2 足踏みをする
足踏みをするようにかかとを交互に床に近づけ10回繰り返します。
伸び〜る

姿勢がキツイときは、少し脚を手から離した位置でやるとふくらはぎが伸びやすいですよ！

教えて！ なお先生

ぐ～たら筋のトレーニング 素朴な疑問Q&A

「筋トレやストレッチはいつやること効果的？」「1日にどれくらいやればいい？」「モチベーションの保ち方……」などなど
ぐ～たら筋のトレーニングについての
素朴な疑問に答えていただきました！

Q1
筋トレはいつやるといいですか？

A1
食後以外はいつでもOK!

食後 2~3 時間は避けましょう。何よりも「継続」が大切なので、朝夜問わずご自身が習慣化しやすい時間帯に行うのがおすすめです。

Q2
1日1部位でもいい？ それとも全部やったほうがいい？

A2
まずは気になる部位からでOK!

気になる部位からスタートして、まずは変化を実感してみるのがおすすめ！
よりバランスの取れた体型を目指す方は徐々に他の部位もやってみて。

Q3
筋トレ中の呼吸の仕方がわからないときがあります

A3
迷ったときはなんでもOK!

本書では、効率的に筋肉を働かせるための呼吸を記載していますが、その通りにできなくても OK！ ゆっくり自分の楽な呼吸でやってみましょう。

Q4
モチベーションを保つにはどうしたらいい？

A4
Before After の写真を撮ってモチベーションアップ！

体は日々少しずつ変化していくので、自分ではその変化に気がつきにくいもの。トレーニング前に写真を撮っておくことで、小さな変化にも気がつくことができ、モチベーションアップに繋がります。

Q5
生理中のときのトレーニングはどうする？

A5
やってもOKだけど、無理しないで

本書で紹介しているトレーニングやストレッチは生理中でも無理なくできますが、体調に合わせて行いましょう。生理痛でつらいときはストレッチのみする、その日はお休みにするなど、自分の体調と相談して行いましょう！　無理しないでね！

Q6
筋トレすると体重は増減する？

A6
体重よりボディラインの変化が！

「筋肉は脂肪より重いため、筋トレすると太る」と言われていますが、本書のトレーニングは筋肉のバランスを整えるものなので、体重よりもボディラインに変化が出やすいです！

Q7
家事や仕事中に気をつけることはありますか？

自分のペースで
ボディメイクを
がんばりましょう!

A7
日々の姿勢が鍵！

お手洗いのタイミングなどで肩甲骨を回したり、胸を開いたりするだけでも姿勢が整います。良い姿勢が１分でも長く続くことで、どんどんぐ～たら筋が働き始めます！

おわりに

本書を最後までお読みいただき、ありがとうございます。

私もヨガを始めた頃は、筋肉を使い方がわからずただ体を動かしていました。
それでも運動をしてない頃に比べると体は軽くなってきたのですが、ボディラインにあまり違いが出ませんでした。
ぐ〜たら筋という、きちんと使えていない筋肉のことや逆に使いすぎてしまっている筋肉がどこかを知り、姿勢を正すようになると自然と体型が変わっていきました。
動かすべきところをどこかを知ることが大切なんだと実感しました。

本書では使えてないおサボりぎみのぐ〜たら筋を動かす、簡単なトレーニングを紹介しました。
毎日少しずつでいいので、ボディメイクしたい部位からやってみてください。
私の活動のモットーは「自分を好きになろう」です。
ぐ〜たら筋を鍛えて、ボディメイクし、自分に自信が持てるようになると考え方もポジティブになってきます。
この世でたった一つしかない自分の身体を慈しみ、対話し、大切に動かしてみてくださいね。
きっと何かが変わるはずです！

本書が皆様の日々の健康づくりやボディメイクのお役に立てますように。

美筋ヨガインストラクター　廣田なお

毎日、少しずつでいいので
気になる部位から動かして、
ぐ～たら筋を目覚めさせてね！
ぐ～たら筋を鍛えたら
理想のボディラインに！
婚活写真も素敵に撮れました！
ありがとうございました！
Nao Hirota
みるたま

まんが・イラスト えるたま

東京生まれ東京育ち。多摩美術大学、セツモードセミナー卒業後フリーのイラストレーターとして活動。雑誌、WEB などで多くのイラスト、マンガを手掛ける。
好きな食べ物は海藻類、好きな言葉は「チケット当選！」。アイドルオタクをしながら、ライブレポートのマンガを描くのもライフワークの一つとしている。

Instagram @l_tama
Twitter @L_tama

著者 廣田なお

"みんなが気楽に集える場を作りたい"という想いからヨガスタジオ設立を決意し、銀行退職後、大手ヨガスタジオにて年間数百本のレッスンを経験し、2017 年に東京都目黒区にボディメイクヨガスタジオ「HOME」をオープン。「自分を好きになろう」をモットーに、自分自身が納得できる身体作りをベースとしたオリジナルメソッド「美筋ヨガ（ほぐす＋のばす＋鍛える）」を考案。現在は、全てのレッスンをオンラインに切り替え、「美筋ヨガオンラインサロン」の運営や、YouTube「美筋ヨガチャンネル」を全国へ配信中。SNS のフォロワー数は 35 万人を超え、メディアやイベントにも多数出演、法人クライアントニーズに合わせたオリジナルレッスン開発など、多方面において幅広く活動中。著書に『整えるヨガ ~ 心とカラダの不調に効く 365 日の基本ポーズ ~』（ダイヤモンド社）と『ラクしてやせる美ボディ習慣 美筋ヨガ』（マイナビ出版）がある。

Instagram @onaoonao　Instagram @yogastudio_home
YouTube 美筋ヨガチャンネル

マイナビ文庫

きれいに痩せる ゆる筋トレ&ストレッチ

2025 年 4 月 20 日　初版第 1 刷発行

著者	廣田なお
マンガ・イラスト	えるたま
発行者	角竹輝紀
発行所	株式会社マイナビ出版 〒 101-0003 東京都千代田区一ツ橋 2-6-3　一ツ橋ビル 2F TEL：0480-38-6872（注文専用ダイヤル） TEL：03-3556-2731（販売部） TEL：03-3556-2735（編集部） MAIL：pc-books@mynavi.jp URL：https://book.mynavi.jp
印刷・製本	中央精版印刷株式会社
STAFF	デザイン・DTP　桑原菜月（ザップ） 文・編集　百田なつき

定価はカバーに記載しております。

ISBN 978-4-8399-8905-7
Printed in Japan